首都直下大地震 国難災害に備える

関東大震災100年：防災対策の意識改革、コストからバリュー、そしてフェーズフリーへ

目黒公郎

Kimiro Meguro ／ 東京大学教授
大学院情報学環総合防災情報研究センター長

旬報社

はじめに

1923（大正12）年9月1日の午前11時58分、相模トラフを震源としてマグニチュード8クラスの地震が発生した。関東大震災を引き起こした大正関東地震である。2023年はこの地震からちょうど100年の節目の年である。

関東大震災の詳細については本書で後述するが、この震災の具体的な被害や影響は、延焼火災や多数の構造物被害、流言飛語の問題などを中心として語られることが多い。これらに比べると相対的には小規模だが、津波や土砂災害も過去の他の震災と比べて十分大きい。当時と比較した場合の現在の市街地の大幅な拡大や長周期の構造物の普及によって新しく発生する問題が指摘されることもある。また震災からの復旧・復興は、後藤新平の帝都復興計画や復興院を中心に議論されることが多い。しかし、このような議論だけで十分だろうか。本書では、関東大震災が発生した時代背景やその後の我が国の歩みを俯瞰したうえで、関東大震災が我が国に与えた影響について考察する。また、その考察結果に基づき、発生が危惧されている首都直下地震や南海トラフの巨大地震対策として、何に注意すべきかについて述べる。

関東大震災の後には、甚大な被害を受けた首都圏の復旧や復興には強いリーダシップや統率が必要になった。震災直後、政府は緊急勅令によるモラトリアムを実施するとともに、震災手形の発行と手形の割引損失補償令を公布した。しかし、この手形が1927年に不良債権化し、金融恐慌を招き、その後の昭和恐慌へとつながった。またこの時期は、関東大震災のみならず、国内の他の地域でも地震災害が多発（2、3年おきに被害地震が発生。特に27年北丹後地震や33年昭和三陸地震は3,000人前後の死者が発生）した。そして、1925年の治安維持法の制定、27年金融恐慌、30年昭和恐慌、31年満州事変、32年には「5・15事件」が起きた。そして我が国は、33年の国際連盟脱退、36年「2・26事件」、37年日中戦争、41年の太平洋戦争と向かった。

大正時代は、政治的には、明治時代の元老を中心とした藩閥主義を脱して、政党政治に移行しようとしていた時代である。経済や社会活動においても、第1次世界大戦による経済好況やその後の戦後不況、1918年から3年にわたるスペイン風邪の流行（1921年までの3年間で当時の人口の約43％に当たる2,380万人が感染し、約39万人が死亡）、護憲運動や労働運動、婦人参政権運動、部落解放運動などが活発に行われた。市民の生活においても、西洋式の衣食住が広がるとともに、芸術や大衆文化、新聞やラジオ、路面電車や乗合バス、家庭電化製品など、都市の文化も形成された。いわゆる「大正デモクラシー」であるが、関東大震災は、この自由な雰囲気を一気に変え、わずか22年後には民間人を含め300万人を優に超える死者を出す第2次世界大戦の敗戦への転換点になった。

大正関東地震は明治維新から現在までの時間（156年間）の最初の約3分の1の時点で発生し、22年後の第2次世界大戦の敗戦がちょうど中間年になる。その後の我が国が敗戦から大きな影響を受けたことは言うまでもないが、その大本は関東大震災である。過去の履歴からすると、次の関東地震（相模トラフを震源とするM8クラスの地震）までは少なくとも100年程度の猶予がありそうだが、首都直下地震と南海トラフの巨大地震は今後数十年以内に発生する可能性が高い。人間は自分が想像できないことに対して備えたり、対応したりすることは絶対にできない。関東大震災の全体像の解明と今後の国内外の社会状況の変化に関する適切な予測に基づく、バックキャスト的な課題解決策の検討が必要だ。これが将来の被害軽減と災害を契機として社会全体が誤った方向に進まないために不可欠であることを、私たちは再認識すべきである。

またその際には、現在の少子高齢人口減少や厳しい財政的な制約を忘れてはいけない。今後のわが国の巨大災害対策は「貧乏になる中での総力戦」となる。このような状況では、意識の改革が必要になるが、本書では「コストからバリューへ」、そして「フェーズフリー」をキーワードに、我が国における持続可能な災害対策の推進法についても私見を述べる。

本書が我が国の地震防災対策の推進に少しでも役立ち、将来発生する首都直下地震や南海トラフの巨大地震による被害の軽減に貢献できることを切に願う。

2023年8月15日

目黒　公郎

目 次 ――首都直下大地震 国難災害に備える

第Ⅰ部

関東大震災から100年

国難災害に対する最重要課題と
その改善へのヒント

大正関東地震と関東大震災

今年、2023年は1923年9月1日に相模トラフ（図1）を震源として発生したM8クラスの大正関東地震からちょうど100年である。この地震が引き起こした甚大な被害の総称を関東大震災と呼ぶが、その具体的な被害や影響は、広域にわたる延焼火災や多数の構造物被害、流言飛語の問題などを中心として語られることが多い。全潰（倒壊や崩壊の意味）建物が約11万棟、全焼が21万2千余棟に達した。死者・行方不明者は約10万5千人、その87.1%（約9万2千人）が焼死者、地域としては東京府（66.8%）と神奈川県（31.2%）で全体の98%を占めた。

激しい地震動が南関東の広域を襲い、神奈川県を中心に、建物の倒壊のほか、液状化による地盤沈下、崖崩れや地滑り、沿岸部では津波（静岡県熱海で12 m、千葉県館山で9.3 m、神奈川県鎌倉由比ヶ浜で9 m、洲

図1：諸井・武村らによる木造住家の全潰率と震度分布[1)]

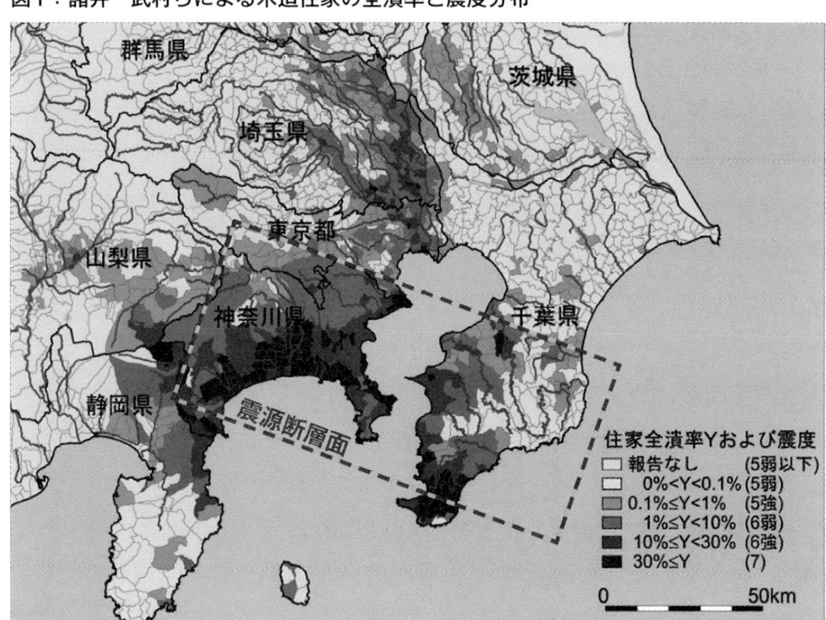

※破線は推定震源断層の地表への投影

崎で8m、逗子、鎌倉、藤沢の沿岸で5～7m、三浦で6mなど）による被害が発生した。結果として、建物被害による死者・行方不明者は1万1千余人に上り、これは阪神・淡路大震災の建物被害の犠牲者の2倍を超える。さらに津波による死者・行方不明者は200～300人であり、これは1993年北海道南西沖地震による津波の犠牲者よりも多い。土砂災害も各地で発生し、700～800人の死者・行方不明者が出ている。とくに小田原の根府川駅での列車転落事故では、山津波（土砂崩れ）によって列車が海中に没し、そこに津波が押し寄せ100人を超える犠牲者を出した。

関東大震災の被害額にはさまざまな推定があるが、その額は約45～65億円である。これは、当時の我が国の名目GNP（約152億円）の30～44％、一般会計歳出（約15億円、軍事費約5億円を含む）の約3～4.3倍に相当する。単純比較は難しいが、現在の一般会計歳出が約107兆円（2022年度）、GDP（2021年度）が545兆円であることを考えれば、関東大震災のインパクトは現在の我が国にとっては、150～460兆円相当であったと言える。

ところで、図1は木造建物の全潰率を基に評価された震度分布であり[1)]、長周期地震動は含まれていない。しかし、最近の研究成果からは、南関東地域では4秒から10秒の長周期地震動が誘発されることがわかってきた。関東大震災の当時には、この程度の固有周期を持つ構造物や施設はなかったので、大きな問題は顕在化しなかった。しかし、この周期帯は、現在、首都圏に多数存在する30階建以上の高層ビルや長大橋の固有周期、大型タンク内の液体のスロッシング（振動し波うつこと）周期と一致することから、注意が必要である。また、100年前に大規模な土砂災害が広域に発生した丘陵部や山間部には、当時は住民も施設も少なかったが、現在ではこれらの地域は大勢の人々が住む市街地になっている点も要注意である。

しかし、関東大震災から我が国が受けた影響や教訓は、上述のような議論だけで十分なのだろうか。この後の私の話では、この震災が発生した時代背景やその後の我が国の歩みを俯瞰したうえで、関東大震災が我が国に及ぼした重大な影響について考察するとともに、今後我が国を襲う可能性の高い巨大災害に対する最重要課題を指摘し、それを改善するための考え方を述べてみたい。

関東大震災が我が国に与えた影響

関東大震災の後には、甚大な被害を受けた首都圏の復旧や復興には強いリーダーシップや統率が必要になった。震災直後、政府は緊急勅令によるモラトリアムを実施するとともに、震災手形を発行し、手形の割引損失補償令を公布した。しかし、この手形が1927年に不良債権化し、金融恐慌を招くとともに昭和恐慌へとつながる。またこの時期は、関東大震災のみならず、国内の他の地域でも地震災害が多発（1925年北但馬地震、27年北丹後地震、30年北伊豆地震、33年昭和三陸地震）した。また、1925年の治安維持法の制定、27年金融恐慌、30年昭和恐慌、31年満州事変、32年には「5・15事件」が起きた。そして我が国は、33年の国際連盟脱退、36年「2・26事件」、37年日中戦争、41年の太平洋戦争へと向かった。

大正時代は、政治的には、明治時代の元老を中心とした藩閥主義を脱して、政党政治に移行しようとしていた時代である。経済や社会活動においても、第1次世界大戦による経済好況やその後の戦後不況、スペイン風邪の流行と沈静化（1918年から21年の3年間で約39万人死亡）護憲運動や労働運動、婦人参政権運動、部落解放運動などが活発に展開された。市民の生活においても、洋食・洋服や文化住宅など、西洋式の衣食住が広がる

図2：明治維新から現在に至る我が国の歴史における大正関東地震の意味

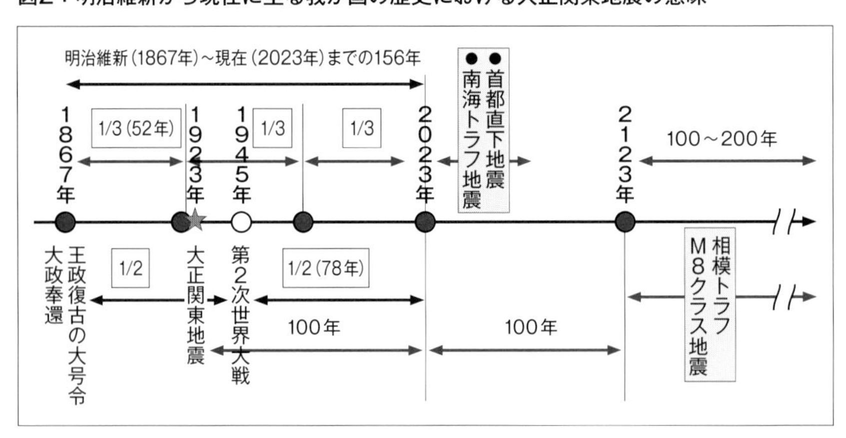

とともに、芸術や大衆文化、新聞やラジオ、路面電車や乗合バス、そして家庭電化製品など、都市の文化も形成された。いわゆる「大正デモクラシー」であるが、関東大震災は、この自由な雰囲気を一気に変え、わずか22年後には民間人を含め300万人を優に超える死者を出す第2次世界大戦の敗戦への転換点になった。

図2に示すように、大正関東地震は明治維新から現在までの時間（156年間）の最初の約3分の1の時点で発生し、22年後の第2次世界大戦の敗戦がちょうど中間年になる。その後の我が国が、第2次世界大戦から多大な影響を受けたことは言うまでもないが、その大本は関東大震災である。

今後直面する国難（級）災害とその理由

2011年に発生した東日本大震災は、私たちが開発してきた都市や地域が、平時の効率性とは裏腹に災害脆弱性を増大させることを露わにした。21世紀の半ばまでに発生する危険性が指摘される首都直下地震や南海トラフ沿いの巨大地震（東海・東南海・南海地震やこれらの連動地震）は、東日本大震災と比較して、はるかに大きな被害を及ぼす可能性が高い。理由は、南海トラフ沿いの巨大地震は東北地方太平洋沖地震に比べて震源域が陸地に近いこと、太平洋岸の大都市群が災害危険度の高い低平地に立地していること、さらに首都圏では、脆弱な木造家屋が密集した地域が多く、これらの地域は揺れによる被害とその後の延焼火災の危険性が高いこと、湾岸地域では液状化現象が発生する危険性が高いうえに、長周期地震動の影響を受けやすい石油コンビナートをはじめとする各種プラントや火力発電所などが林立していること、などである。

このような状況を背景に、政府中央防災会議は、首都直下地震では被害総額約95兆円、避難者数700万人、死者数2.3万人、南海トラフ巨大地震では被害総額約220兆円、避難者数430万人、死者数32万人になると試算している[2),3)]。しかし、これらの被害想定は発災から数日後までの被害、すなわち津波や延焼火災までを対象としたものである。そこで土木学会は、2018年に20年間の長期的な経済損失を試算したが、その被害総額は首都直下地震で855兆円、南海トラフ巨大地震で1,541兆円と、国の存続が危ぶまれる「国難（級）災害」の規模になる[4)]。

過去に起こった国難災害

(1) 諸外国での例

国の存続さえも難しくなる「国難災害」として有名な事例をいくつか紹介する。

ヨーロッパでは、1755年のリスボン地震がある。この地震はポルトガルの首都リスボンの沖合300キロで発生したM8.5～9の巨大地震である。まず最初に激しい地震動がリスボン市を襲った。この揺れによって、リスボン市内の建物には健全なものが1棟もないと言われるほどの被害を受けた。さらにその後に襲った巨大な津波と延焼火災で、リスボン市の人口の3分の1以上の死者が発生し、直後被害のみでポルトガルのGDPの1.5倍以上を失った。この被害により、海運や植民地政策で世界をリードしてきたポルトガルは一気に国力を失い、かつての輝きを完全に失った。

アジアでは1970年に、当時、インドを挟んで、西と東に分かれていたパキスタンの東パキスタン、今のバングラデシュをベンガル湾から高潮を伴う巨大サイクロンが襲った例がある。このサイクロンをボーラサイクロンというが、この災害による死者は最大50万人に達したと言われ、これは20世紀以降で1回の自然災害で最大の死者数を出した災害になっている。この状況を受け、東パキスタンは西パキスタンに支援を求めるが、これが不十分であると反発し、それがその後の独立運動の一因になった。

(2) 我が国における例

我が国においては、江戸幕府の末期、安政年間に国難災害が発生している。しかし、我が国では、これが一般に知られていない。日本史の中で子どもたちに教えていないからだ。私も子どもの時にはまったく知らなかった。図3に示すように、1853年からの10年程度の期間で繰り返して発生した自然災害とパンデミックによって、幕府は財力と求心力を大きく失っ

図3：江戸幕末・安政の複合災害（東海・南海地震、江戸地震、江戸暴風雨、感染症流行）

●1853年3月11日（嘉永6年2月2日）嘉永小田原地震　M6.7
小田原城天守閣大破

●1853年7月8日（嘉永6年6月3日）ペリー浦賀沖に来航
黒船来航

日米和親条約、1854年3月31日（嘉永7年3月3日）

●1854年12月23日（嘉永7年11月4日）安政東海地震　M8.4
1854年12月24日（嘉永7年11月5日）安政南海地震　M8.4
安政の東海・南海地震（南海トラフ地震）約3万人の犠牲者

●1855年11月11日（安政2年10月2日）安政江戸地震　M6.9
安政の首都直下地震　約1万人の犠牲者

●1856年9月23日（安政3年8月25日）安政江戸暴風雨
大型台風が東京湾を直撃、高潮を伴う暴風雨
安政の巨大台風の襲来　約10万人の犠牲者

1857年8月21日（安政4年7月21日）ハリスが伊豆の下田港へ入港

●1858年夏頃まで（安政5年8月）江戸でコレラ大流行
安政のパンデミック　江戸だけで3～10万人の死者

日米修好通商条約、1858年7月29日（安政5年6月19日）

●1862年夏頃まで（文久2年）麻疹（はしか）の流行も加わる
江戸だけで23万人以上（7万人とも）の死者

桜田門外の変、1860年3月24日（安政7年3月3日）

たことが、その後の幕府の終焉に大きな影響を及ぼしたのである。

1853年の旧暦の2月2日に嘉永の小田原地震が発生し、小田原城の天守閣が大破する。その4か月後の6月3日にマシュー・ペリーが黒船4隻で浦賀にやってきて、幕府に開国を求める。これは日本史でも教えてくれる。開国したくない幕府の曖昧な態度に対し、ペリーは1年後にまた来るのでそれまでに結論を出して置くようにと言って、帰っていく。しかしペリーは1年後ではなく、半年後の1854年の旧暦の1月に日本にやってきて、再度開国を迫る。これに抗しきれずに3月に結んだのが「日米和親条約」である。この年の旧暦の11月4日と5日の2日間にわたって、関東から九州に至る我が国の太平洋ベルト地帯が2発の巨大地震（安政の東海地震と南海地震）に襲われた。両者のマグニチュードはいずれも8.4、その間隔はわずか31時間であった。この2つの巨大地震により、太平洋ベルト地帯

は激しい地震動と巨大な津波に襲われ、壊滅的な被害を受ける。当時の我が国の総人口は約3,300万人、さらにこの地域の人口は現在に比べてはるかに少数であったが、3万人を超える人々が亡くなった。

この2連発の巨大地震から1年もたたない翌1855年の旧暦の10月2日にM7クラスの地震が江戸を襲う。安政の江戸地震と呼ばれる首都直下地震であり、江戸で約1万人の死者が出た。幕府は諸施設が被害を受けたので、その復旧・復興の支援を諸藩に求めるが、諸藩も130を超える江戸屋敷で死者が出るほどの被害が発生しているので、幕府の要望に簡単に応えることは難しい。ましてや、太平洋ベルト地帯の藩では、前年に甚大な地震被害を受けているのでなおさらである。

その1年もたたない1856年の旧暦の8月25日に、今度は高潮をともなう巨大台風が江戸湾を襲う。安政の江戸暴風雨である。これによって10万人の死者が発生したが、これは我が国における最大規模の風水害である。風水害で10万人もの死者が発生すると、次には感染症が発生するのが常であるが、この台風の2年後には通常の感染症に加え、コレラが猛威を振るった。1858（安政5）年に、長崎に入港したアメリカ軍艦の乗組員から伝播したコレラが、関西から東海道を経て旧暦の7月には江戸に至り、8月に大流行したのである。治療法もなく3日コロリと呼ばれ、即死病として恐れられた。1858年の夏には、江戸だけで3万人から10万人がコレラで死亡する。これを安政のパンデミックと呼ぶが、この年の6月がタウンゼント・ハリスを米国代表として「日米修好通商条約」を締結したタイミングである。ワクチンもない時代なので、コレラはずっと流行し続け、1862年にはさらに麻疹（はしか）が加わり、江戸だけで20万人以上ともいわれる人が死亡する。1853年から62年までのわずか10年の間に、地震や台風などの自然災害が多発すとともにパンデミックまで発生したのだ。幕府は、このような状況のなかで諸外国との対応を強いられていたということ、財政的にも諸藩からの求心力も大きく失う状況があったことがわかる。

明治維新は地方の藩の下級武士（維新の志士たち）が先見の明があって、悪い幕府を倒し、新しい時代として明治維新を達成したように子どもに教えるが、これは正しくない部分が多い。実際はイギリスの東アジア政策の影響を大きく受けている。また、日米和親条約に加え日米修好通商条約を締結した米国が、当時、日本に対して最も有利な立場を有していた。しかし、日米修好通商条約の締結の後、幕府が終焉を迎える大政奉還（1867年）までは、米国は日本への積極的な働きかけを停止している。なぜか？ 1861年から65年まで、米国は自国内で南北戦争をしていたからである。その米国の留守の間に、イギリスが勢力を拡大し、倒幕派の諸藩に近づき、知恵と財政的な支援を行った。その中心人物の1人が1859年に来日したトーマス・ブレーク・グラバー（長崎のグラバー邸の主）である。グラバーは生糸やお茶の商人として訪日しているが、その実態は武器商人で、討幕派にも佐幕派にも、幕府にも武器を大量に売っている。土佐の脱藩浪士の坂本龍馬に知恵を与え、活動のための旅費や武器の購入費、さらには軍艦を購入する資金などを工面し、龍馬の活動をサポートした人物である。近年、彼の屋敷（グラバー邸）からは龍馬をかくまった屋根裏部屋が発見されている。1865年に南北戦争が終わった米国は、無用の長物となった大量の小銃（鉄砲）を日本に持ち込んで売りつけた。我が国は、新政府も旧幕府側もそれらを大枚をはたいて購入し、戊辰戦争ではこれらを使って日本人どうしで殺し合いをした。

また、不平等条約であった日米和親条約や日米修好通商条約の改正のために、明治政府は鹿鳴館を建設して近代国家をアピールしなくてはいけなかったとか、陸奥宗光や小村寿太郎らの長年にわたる努力が必要だったなどと子どもの時に教わった私は、これらの条約が本当に悪い条約であったと思っていた。しかし、これらの条約に関しても別の解釈が可能だ。これらを米国と締結していたことで、イギリスが他のアジア諸国に実施したような非人道的な扱いをされないための歯止めになったということである。しかし、明治政府が、「幕府が締結した条約によって、我が国が守られた」などと言うはずがない。歴史は常に勝者の都合のよい記録でしかないからだ。関税自主権がないという話も正しく理解されていない。米国が他国と結んだ同様の条約での関税率は、インドには2%、中国には5%しか認めていないが、我が国には20%を認めていたし、5年後の見直しも条項に入っていた。これらがその後、日本にとって厳しくなってしまう背景には、締結後の薩摩藩による生麦事件（1862年の旧暦8月）や、長州藩による馬関海峡（現・関門海峡）を通過する外国（アメリカ・フランス・オランダ）艦船に対する無通告での砲撃（1863年の旧暦5月）などがある。

歴史は、さまざまな方向から学ぶことが重要である。

我が国と首都圏の人口変化

図4に我が国の人口の変化を示す。江戸幕府が開設された1600年代の初め、我が国の人口は約1,230万人であった。これが1700年の初めに約3,000万人まで増加し、その後はほぼ一定で推移し、明治維新（1868年、明治元年）年の時点では約3,300万人である。その後、我が国の人口は急激に増加し、2010年にピークを迎え1億2,800万人になり、その後は減少に転じている。

明治維新の前年に大政奉還がなされ、各藩の江戸屋敷に勤めていた武士たちは地元に戻ったので、幕末に120～130万人であった江戸（東京）の人口は67万人に減った。これが明治維新の時点での東京の人口である。その後の人口の変化は表1に示すとおりである。全国的な一律の人口調査が初めて行われた1873（明治6）年を基準に、2015（平成27）年と比較した日本全体の人口増加率は3.84倍であるが、首都圏（1都3県：東京都、

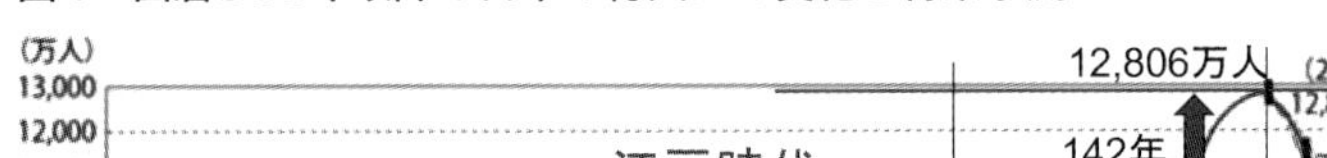
図4：西暦800年以降の日本の総人口の変化と将来予測

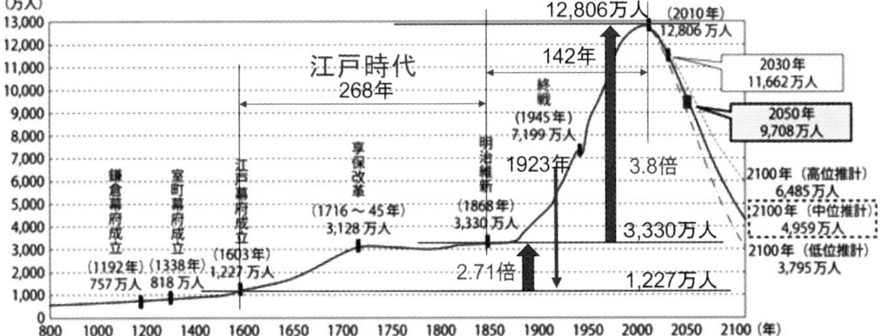

資料）2010年以前は総務省「国勢調査」、同「平成22年国勢調査人口等基本集計」、国土庁「日本列島における人口分布の長期時系列分布」（1974年）、2015年以降は国立社会保障・人口問題研究所「日本の将来推計人口（2012年1月推計）」より国土交通省作成。著者が一部加筆。

表1：明治以降の首都圏の人口とその全国に占める割合の変化

	1873年（明治6年）	1875年（明治8年）	1922年（大正11年）	2015年（平成27年）	人口増加率（1922/1873）	人口増加率（2015/1873）
全　国	33,110,825	33,625,678	57,390,100	127,094,745	1.73	3.84
東　京	779,361	830,935	3,984,200	13,515,271	5.11	17.34
神奈川	492,714	502,504	1,380,800	9,126,214	2.80	18.52
埼　玉	426,989	435,436	1,341,100	7,266,534	3.14	17.02
千　葉（木更津県＋印旛県）	1,024,023	1,043,189	1,354,300	6,222,666	1.32	6.08
4都県	2,723,087	2,812,064	8,060,400	36,130,685	2.96	13.27
首都圏の人口比	8.22	8.36	14.04	28.43		

神奈川県、埼玉県、千葉県）の平均人口増加率は13.27倍である。特に、東京、神奈川、埼玉の人口増加率は17倍を超えている。関東大震災直前と比較すると、全国平均の1.73倍に対して、1都3県の平均は2.96倍、とくに東京の増加倍率は5.11倍と大幅に増加していることがわかる。

明治維新で大きく変わったこと

江戸幕府が滅び、明治政府が生まれてことで、我が国のさまざまな状況が大きく変わった。そのなかでも、私は明治政府による地方からの人材登用の功罪について指摘したい。

(1) 参勤交代の真の意味

約270年間続いた江戸幕府の時代、日本には約300の藩が存在し、地方の藩であっても、有名な藩校があり高度な教育を実施し人材を育成していた。今日では、地方は衰退し、人材教育も難しくなっているが、なぜ当時はそれができていたのだろうか。私は次の2つが大きなポイントであったと考えている。1つは基本的に人々（特に武士）がいずれかの藩に所属し、簡単に他の地域に居住地を移すことはできなかったこと（脱藩は大罪）、そしてもう1つは参勤交代である。参勤交代は、3代将軍徳川家光が寛永12（1635）年に制定した武家諸法度（寛永令）で制度化したもので、諸大名は1年おきに自分の領地と江戸を行き来しなければならず（関東の大名は半年おき）、妻子（正室と世継ぎ）は人質として、江戸（江戸屋敷にて）で生活をしなければならないというものである。これに要する費用は各大名が負担する決まりであったので、「各藩の経済状況を弱めることができ、謀反を防ぐことができた」といわれている。少なくとも私は、小学校や中学校では、そのように教えられた。

しかし、その後、自分なりに色々と調べるとさまざまな疑問が出てきた。例えば、江戸幕府の評定所が編集した幕府の法令集として、「御触書集成」がある。8代将軍吉宗が、元和元（1615）年以後の幕府法令の編集を評定所に命じ、寛保4（1744）年に完成した「御触書集成（寛保集成）」には、「従来の員数近来甚だ多し。且つは国郡の費、且つは人民の労なり。向後その相応を以てこれを減少すべし」（訳：従者の人数が最近大変多いようだ。これは1つには、領国支配のうえで無駄であり、また一方で、領民の負担となる。以後は、身分に応じて人数を減じなさい。）の記載がある。これからわかることは、参勤交代が定められた後のかなり早い段階で、「各藩の経済状況を弱める」ことは主目的ではなくなり、江戸幕府への軍役奉仕の意味が強かったと考えられる。

しかし、このような意味以上に、参勤交代は実は我が国の国土の運営上、とても重要な2つの貢献をしていたと私は考えている。1つ目は国土全体のインフラの整備を大きく促進させた効果である。参勤交代によって、街道や宿場が整備され、物流や経済の活性化に大きく貢献し、我が国のGDPが大きく増加した。もう1つは人材育成に与えた大きな効果である。各藩の最も優秀な人材（大名の近くにいる選ばれた人材）が、日本で最も文化や技術の進んだ江戸を定期的に見聞するとともに、同じように江戸に来ていた他藩の優秀な人材と人的交流をもつ機会を与えたことである。一方で参勤交代に参加する人々は全て藩に所属し、江戸住まいの人を除き、基本的に子どもは地元の藩で育てた。これが、地方であっても、優れた人材を教育する藩校が成立した理由である。また、特に優秀な者に対しては、江戸でつくったネットワークを用いて、藩校間で留学させることもできた。

(2) 明治政府の人材登用

明治維新以降の我が国は驚異的な速さで発展するが、その背景には明治政府による地方からの人材登用がある。江戸時代に各地で育成された日本中の優秀な人材を東京に集め、高給で招聘した外国人教師に学ばせ、海外留学もさせ、帰国後には重要なポストにつけた。明治維新からわずか30年後の1900年前後には、学術的には世界の最先端に追いつくという世界の奇跡を生んだ。推薦者の必要なノーベル賞の受賞は湯川秀樹まで待つことになるが、図5を見れば、その業績が驚異的なものであり、ここに東京出身者がほとんどいないことから、地方の優秀な人材が東京に集められ、

図5：1900年前後に科学分野で顕著な業績を挙げた日本人（抜粋）

北里柴三郎	1852～1931年、肥後国阿蘇郡。1891（明治24）年破傷風を治療する新しい血清療法を確立。1894（明治27）年にはペスト菌を発見。
高峰譲吉	1854～1922年、越中国高岡。日本初の人造肥料製造を開始。1894（明治27）年酵素複合体タカジアスターゼの抽出に成功。1900年にアドレナリン結晶抽出に成功（世界で初めてホルモンを抽出）。
山川健次郎	1854～1931年、会津藩。物理学者、1871（明治4）年日本人初のアメリカへの国費留学、1875（明治8）年イエール大学で物理学の学位を取得。1879（明治12）年日本人として初の東大物理学教授、1888（明治21）年日本人初の理学博士、東京帝国大学、京都帝国大学、九州帝国大学総長。
古市公威	1854～1934年、姫路藩。1879年パリ留学、日本の近代土木工学の祖。
田辺朔郎	1861～1944年、根津愛染町。日本の土木工学者。琵琶湖疏水や日本初の水力発電所の建設、関門海底トンネルの提言。
長岡半太郎	1865～1950年、肥前国大村藩。土星の環の研究に着想を得て、1903年に原子模型の理論を発表。
大森房吉	1868～1923年、越前国足羽郡福井城下。1901年に大森式地震計を開発。初期微動と震源距離の大森公式などを発表。
志賀潔	1870～1957年、陸前国宮城郡仙台。1897（明治30）年に赤痢菌を発見。
秦佐八郎	1873～1938年、島根県美濃郡都茂村。ドイツの細菌学者エールリヒと共同で、梅毒の化学療法剤サルバルサンを創製。
鈴木梅太郎	1874～1943年、静岡県榛原郡堀野新田村。脚気（かっけ）に有効なビタミンB1を米ぬかからの抽出に成功。

大きな成果を挙げていたことがわかる。明治期の諸学会の会長を調べても、ほとんどの学会の歴代会長は地方の出身である。政治においては、薩長土肥に偏る傾向があるが、軍事や経済などを含め、日本の中枢は地方の優秀な人材を登用することで成立していた。

明治政府が地方の優秀な人材の登用によって、日本の中枢を構成し驚異の発展を実現したという話をしたが、その一方で、明治政府の問題は、このように地方から吸い上げた優秀な人材を地方に再分配する仕組みを用意できなかったことである。これがその後の地方の地盤沈下（衰退）の本質的な原因であると私は考えている。この傾向は現在まで続いているが、昭和30年代までは「長男は家督を継ぐために家に残る」、40年代までは「娘はあまり遠くに行かず、家から通える学校に行って、地域に嫁ぐ」という地方の一般的な風習や親の考え方が、一定の歯止めになっていたが、これもその後は薄れていった。

明治維新の時点でわずか67万人になった東京に、図6に示すように、日本中から優秀な人材と東京の活動を支える単純労働力を含めた多くの人材が流入した。比率は多少低いとは言え、単純労働力の担い手も同時に流入したので、平均値の変化は大きくなかった可能性があるが、あるレベル以上の人材の総数は地方に比べて大幅に増強された。特殊な事情によって特定地域への人材の流入があった場合に、対象地域の学術レベルが極端に変化する例は時々発生する。例えば、優秀な人材が多く勤めている会社の家族向けの宿舎ができたりすると、その地域の小学校の子どもたちの成績が急に上昇したりする例である。少し大きな地域を対象としたものでは、ある時期の筑波学園都市周辺でも似たような現象があった。この場合は、図7に示すように、東京（首都圏）への人口流入とは違って、単純労働力の流入は少なく研究者の家族を中心とした人材の流入となった。結果として、小学校のクラスで、両親の博士の学位取得者の比率が異常に高くなったり、子どもたちの成績が異常に高くなったりする事例が発生した。

(3) 首都圏への人材集中の実態

首都圏の難関大学への地方の高校からの入学者が減ってきたといわれて

図6：東京（首都圏）への人口流入

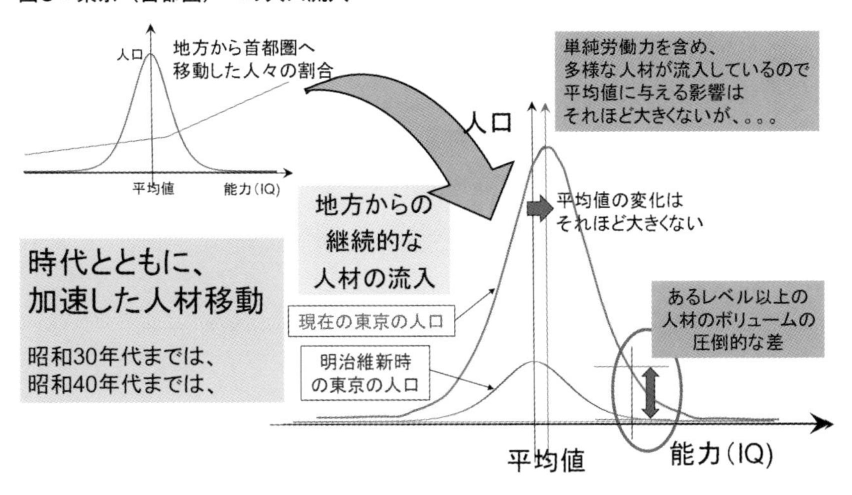

図7：つくば学園都市周辺で起こった人口流入

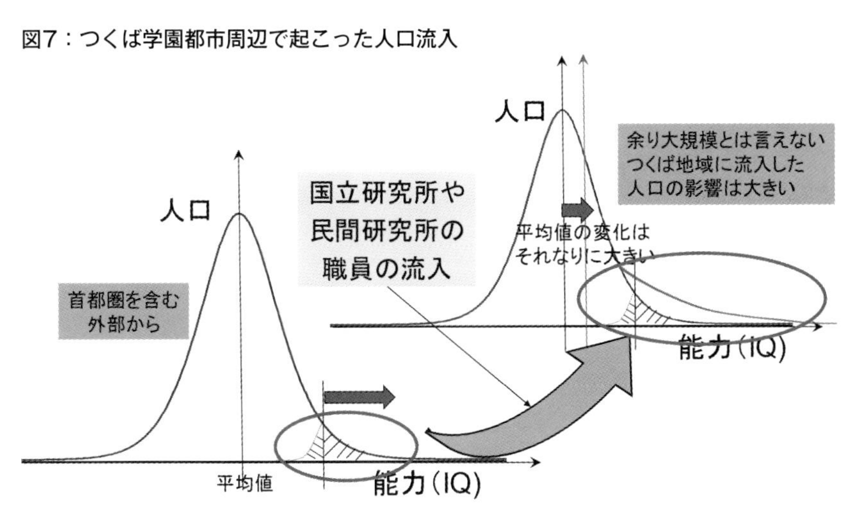

久しい。実際、首都圏の高校からの入学者の占める割合が高まっている。そこで、首都圏の難関大学の代表として東京大学を取り上げ、どこの出身者が多いのかを調査してみた。東京大学に2018年に入学した新入生の親の住所（高校の所在地ではない）を調査した結果[5)]を図8に示す。図8（a）が北海道から九州までの各地域の人口と全国の人口に占める割合、図8

（b）が東京大学の新入生の親の住所の割合である。両者を比較して、全国の人口に対する各地域の人口比と東京大学の全新入生に占める各地域からの新入生の比を比較して正規化したものが図8（c）であるが、1（100％）を越えているのは首都圏のみである。特に東京都からの東京大学への新入生は、人口当たり3倍以上であることがわかる。これは極端な事例だと思う人がいるかもしれないので、もう少し一般的な調査結果も紹介する。

全国の各都道府県から全国のどこの大学へ何人進学したのかを表したデータがある。その中で国公立大学に進学した者を対象に、どの程度の偏差値の大学に進学したのかを、偏差値ごとに分けて集計すると、全国的には、偏差値65以上の大学へ進学者した者（Aグループ）の割合は12.9％、55～65（同様にB）が31.0％、45～55（C）が53.3％、35～45（D）が

図8：東京大学の新入生の地域分布

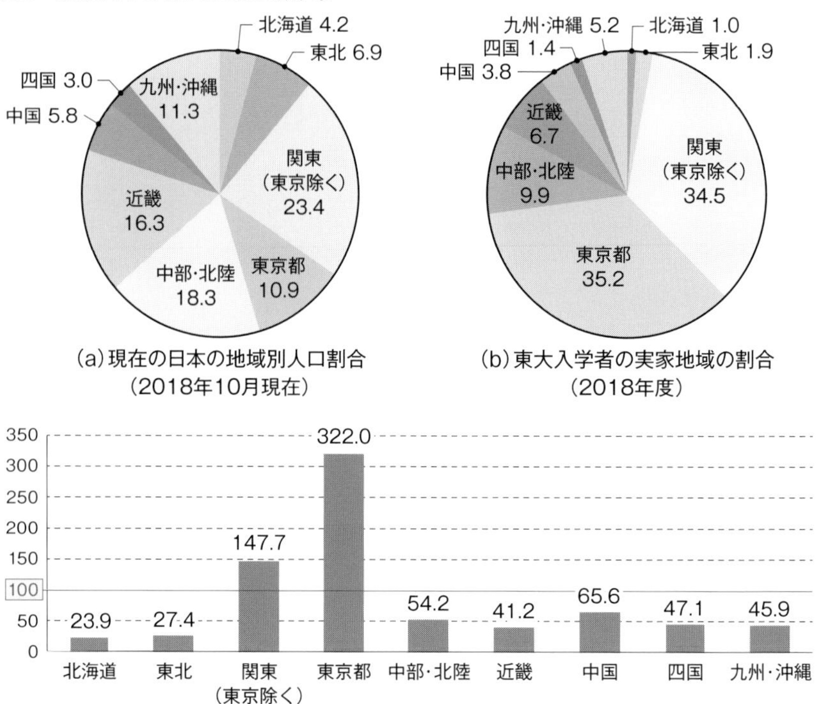

（a）現在の日本の地域別人口割合
（2018年10月現在）

（b）東大入学者の実家地域の割合
（2018年度）

（c）東大入学者の地域別割合（%:人口比で正規化）

2.7%、35以下（E）は0.1%となっている（図9（a））。これを都道府県別に分けて、偏差値が55以上（A+B）の大学に進学した者の割合を求め、その値の大きい順に並べたものが図10（b）である。この値が最も高いのは東京で84.1%、次が神奈川県で81.3%、これ以降は70%台以下になる。比率としては、20%台が最も多く17県であり、最下位は岩手県で18.7%である。明治維新で多くの人材を輩出した薩長土肥は、鹿児島県が32位（28.8%）、山口県が38位（26.4%）、熊本県が39位（25.6%）、高知県が42位（24.7%）である。人材流出の状況は明白である。

人材の偏在化が起こっていることは明らかであるが、その一方で、難関大学に首都圏から多くの新入生が入るのは、首都圏には入試に有利な教育プログラムをもつ中高一貫校が多く存在するからだという話も聞く。また、日本学生支援機構が2018年に発表した「学生生活調査」によると、大学生がいる家庭の平均世帯年収が、国立で841万円、公立730万円、私立834万円となっている中で、東大生の家庭の平均世帯年収は918万円（2017年）と高い[6)]。

以上のことから、「経済的に恵まれた家庭に生まれ、環境の整った学校に通える者でないと難関大学には入りにくい」という指摘があるが、皆さんはどう思われるだろうか。一部には指摘されるような事例もあるだろうが、本質的な部分における私の理解は、上記のような指摘とは異なっている。明治維新から156年（世代でいうと約5世代）が経過し、地方から優秀な人材が首都圏に流入し、そこに定住する状況（優秀な人材の地方への再配分の仕組みが弱い）が継続した結果であるということ。図6にも示したように、首都圏におけるあるレベル以上の人材の量は他地域に比べて圧倒的に多い。なので、伝統がなくても入試に有利な教育プログラムを有する中高一貫校をつくれば、そこに優秀な生徒が入ってくるので、多数が難関大学に進学する。現状では、地方で同様な学校をつくったところで、同様な成果を達成することは難しい。首都圏に比べて人材が少ないからであり、全国区で生徒を集める仕組みがない限り、これは無理と言える。

ところで、一般的に優秀な人たちは収入の高い職業につきやすいので、平均収入も高くなる。知能指数や運動能力などは、親子の間で遺伝しやす

図9：都道府県別国公立大学進学者の偏差値分布

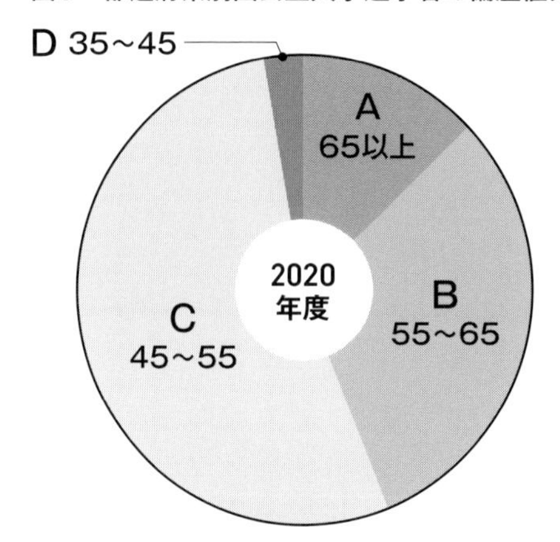

（a）国公立大進学者の偏差値分布

A：65以上（12.9%）
B：55～65（31.0%）
C：45～55（53.3%）
D：35～45（2.7%）
E：35以下（0.1%）

	順位	都道府県
	1	東京都
80%	2	神奈川県
	3	奈良県
70%	4	千葉県
	5	大阪府
	6	京都府
60%	7	群馬県
	8	埼玉県
50%	9	滋賀県
	10	兵庫県
	11	愛知県
	12	和歌山県
	13	茨城県
	14	三重県
40%	15	山梨県
	16	広島県
	17	岐阜県
	18	栃木県
	19	静岡県
	20	宮城県
	21	北海道
	22	福岡県
	23	長野県
	24	石川県
	25	富山県
	26	香川県
	27	福井県
	28	徳島県
30%	29	鳥取県
	30	愛媛県
	31	佐賀県
	32	鹿児島県
	33	新潟県
	34	岡山県
	35	福島県
	36	秋田県
	37	宮崎県
	38	山口県
	39	熊本県
25%	40	大分県
	41	青森県
	42	高知県
	43	長崎県
	44	島根県
	45	山形県
20%	46	沖縄県
	47	岩手県

（b）高校生の学力の地域格差

（国公立大学に進学した学生の中で偏差値55以上の大学（A＋B）に進学した学生の割合）

いことが知られているので、一定レベル以上の学力を有する子どもが、首都圏には多く存在することになり、結果として、難関大学に多く進むことになる。入試に有利な教育プログラムをもつ中高一貫校の影響は副次的と考えられるし、東大生の親の収入が高いのも統計的には必然だということである。

(4) 首都圏への人口や機能の集中がもつ意味

首都圏への人口や機能の集中に対して、その原因や理由を尋ねると、多くの皆さんは、「効率がよいから」とおっしゃる。しかし、これは本当だろうか。私はこの考えは近視眼的な評価であって、俯瞰した視点からは間違っていると思っている。私たちは物事の評価や対処法を考えたりする場合には、常に時間と空間を測る長さの異なる2本の物差しを持つことが重要だ。長い時間と大きな空間を評価し、全体最適を目指すための物差しと、短い時間と狭い空間を対象に、局所最適解を目指す物差しである。この両方がないと、本来の理想に沿った現実的な解決策を提案しつづけることは不可能だ。

天然資源に乏しい我が国において、最も重要な資源は人材であり、これを最大限有効活用することが、我が国にとって大切なことは誰もが納得することであろう。首都圏には優秀な人材が集中していることはすでに何度も指摘したし、この人たちのお陰で我が国の中枢機能が保たれている事実もある。しかし、図10にも示すように、特別に優秀な人材と一緒に働いている次に優秀な人材は、持ち合わせている能力を十分に発揮する場や必要性が限定される。この人たちが、広く全国に分布すれば、首都圏にそのまま存続する以上に、持っている能力を発揮できる環境が整うし、地方も活性化する。現在の我が国は、最も重要な資源である人材を首都圏に集中させることで、無駄遣いする状況をつくっているということである。この状態は、長期的には決して「効果的」な状態ではないし、人口や機能の集中は感染症や災害に対してはエクスポジャー（暴露する量）を増やすことで、被害を拡大させる要因になっている。首都圏への一極集中は、首都直下地震との関係で言えば、まとめて人材と機能、そして財産を失うという

図10：首都圏への人や機能の集中は本当に効率的か？

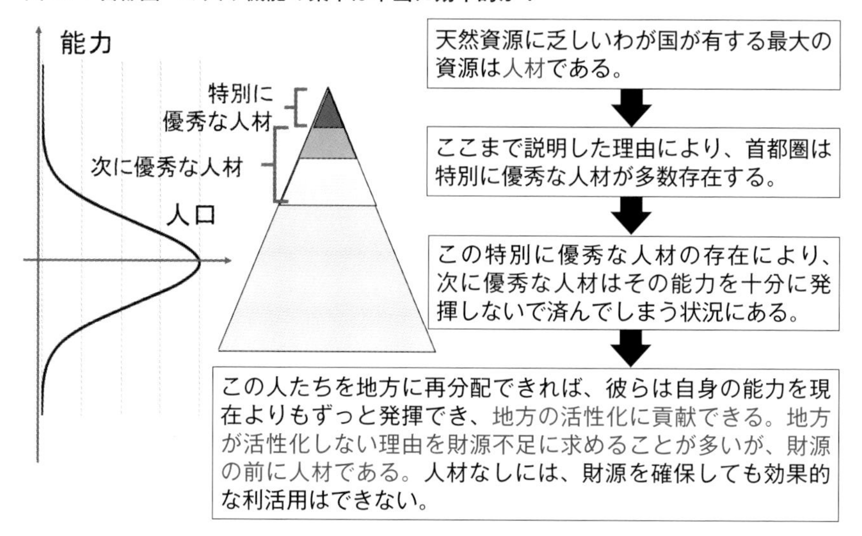

こと、南海トラフの巨大地震に関して言えば、直後の災害対応から復旧・復興時に活躍しなければならない人材が各地で不足するということである。

昭和から平成に移行する1988年から1989年にかけて、竹下登首相が全国の各市町村の地域活性のための「ふるさと創生事業」を行い、使途を問わない1億円を全市町村に配布したことをご記憶だろうか。金額が中途半端なこともあるが、この資金をその後の地域の活性化に効果的に活用した事例を私はあまり聞いた記憶がない。その一方で、そのお金をどう使えばよいのかの知恵がなく、そのお金を使ってコンサルタントに依頼した話や、あまり意味のないモニュメントをつくったという話はよく聞いた。地方が活性化しない理由として資金不足を指摘する声が多いが、私は人材不足がより深刻であると考える。資金を生み出したり、有効に使うことのできる人材の確保がより重要だということ。現在では、さまざまな分野で海外からの労働力を期待する状況になっているが、これは、明治維新から150年以上が経過し、地方が労働力を供給する体力を失っていることを表している。また最近では、一部の国家や自治体のトップが、「○○ファースト」を標榜するが、これは本質的に成立しない。○○をサポートする周辺組織があって初めて○○が成立していることに対する自覚がなさすぎる。自分が政治家として、そのポストにいる任期程度の時間スケールしか考えていないのかもしれないが、○○ファーストを進める結果として、その後の周辺組織との関係は確実に悪化することを認識すべきだ。

(5) 首都圏への極度の集中をどう緩和するか

これまでに延べてきたように、現在、我が国が抱えるさまざまな課題に関して、その本質的な原因や解決のためのポイントのほとんどに、人材と機能や財産の首都圏への極度の集中が深く関わっていると私は考えている。

では、この状況をどのように是正していけばよいのだろうか。まずこの状況の是正を強く促す外圧としては、大災害やCOVID-19などの疫病がある。もう1つは、少子高齢人口減少や財政的な制約のなかで、従来型の巨大インフラ整備に依存した大都市や国土の運営に限界がきていること、エネルギー効率や環境負荷などを考えたうえで、適切なサイズの分散型都市を志向しないと社会が成立しない見通しであること、などがあげられる。

一方で、これらの課題の是正を支援するものとしては、特定地域に物理的に集中して存在しなくても、就業が成り立つICT、IOT、DX技術などによる環境改善がある。COVID-19の経験を踏まえ、最近では、いつでもどこからでも仕事が可能であるというWAA（Work from Anywhere and Anytime）という考え方や、生活スタイルもかなり進んできた。しかし、これは親たち（大人たち）の生活スタイルであって、子どもの教育は依然として問題である。すなわち、親は首都圏を離れて地方に行っても仕事や生活は成立するが、そこで子どもたちが首都圏と同レベルの教育を受けられるかという問題である。しかし、ここでいう教育は大学受験時に首都圏の子どもと比較して不利にならないかという意味合いが強く、情操教育とか生きるうえで必要な人間力をつけると言った意味での教育ではない。であれば、解決の糸口の1つとしては、入試改革が挙げられる。現在の我が国の大学のように、入学時に高いハードルを課すが、入学後は特に勉強せずとも、入学時の学力も維持できていないような状況でも何とか卒業できてしまう大学ではなく、入学時のハードルは一定レベル下げて、多様な人材を少し多めに入学させる。そのうえで、入学後には一生懸命勉強しないと卒業できない大学とする。そうすれば、地方で育った子どもたちも大きなハンデなく大学に入学でき、その後の勉強においては地方で育った経験も大いに役立つだろう。また、数年間という時間を与えて鍛えれば、都会で育った子どもたちに十分追いつき追い越して、立派な成果を挙げることができるだろう。そのためには、卒業生を迎い入れる社会や企業も、従来のように「入社後に教育をし直すので、大学時代に学んだ知識や体験は特に期待していない。求めているのは一定レベルの大学に入学したという潜在的な能力だけ」などと言って、学生がモラトリアムとして学生時代を過ごすことを肯定するような姿勢は是正すべきである。

そして、最後は、国土運営政策の大変革（例えば、道州制的国土運営など）であろう。私は、地方への人材の再分配法を考えるために、自分の先輩や友人、後輩や教え子などのなかで、故郷が好きで、首都圏ではない地域に就職した人たちに、その動機を聞いているが、その結果わかった興味深いことがある。それは優秀な人材で地方に就職した人の就職先として特徴的だったのは、○○電力、JR○○、NTT○○、NEXCO○○など、エリアとしては都道府県のサイズではなく、道州制のサイズであるということ。これは、学生時代に一緒に勉強していた友人の多くが、上級国家公務員として国を動かしたり、一部上場会社に就職して出世し大きな仕事をしたり、ベンチャー企業を立ち上げて活躍するような中で、都道府県単位では仕事の大きさ（規模や予算額）や影響度、自己満足感などに差があるからのようだ。一概には言えないが、予算や売り上げ規模でいうと数兆円以上、影響人口で言えば1,000万人などの規模になり、これが道州制のサイズと一致する。私自身は道州制の議論が盛んであったころ、あまり興味をもってこれをウォッチしていなかった。しかし今は、明治維新から150年ぶりに人材を地方に再配分する意味において、道州制は議論に値すると考えている。道州制のサイズは大規模災害への対策や対応を考えるうえでも、有利な空間単位にもなっている。もちろん、道州制が成立すれば、現在の都道府県のプレゼンスは低下するであろうことは、認識しておかなくてはいけない。

おわりに

今年が1923年に発生した関東大震災から100年目であることを踏まえ、まず、関東大震災が発生した時代背景やその後の我が国の歩みを俯瞰したうえで、関東大震災が我が国に与えた影響について考察した。次に、今後我が国を襲う可能性の高い巨大災害に対する最重要課題を指摘し、それを改善する私なりの考えについて述べた。一般的に言われていることではないことについては、論拠を合わせて紹介した。

結論から言うと、現在の我が国が抱えるさまざまな問題の多くの原因には首都圏への人口と機能や財産の極度な一極集中がある。多くの人々はこの状況が効率的と思っているが、これは間違いで、我が国で最も重要な資源である人材を無駄遣いする状況をつくっている。また、人口や機能の集中は、感染症や災害に対しては脆弱性を高めている。首都圏への一極集中は、首都直下地震との関係で言えば、まとめて人材と機能、そして財産を失うということ、南海トラフの巨大地震に関して言えば、直後の災害対応から復旧・復興時に活躍しなければならない人材が各地で不足するということである。

さらに、もう1点付け加えると、優秀な人材を最も集めた首都圏において、出生率が最も低い状況を作っている点にも注意を払うべきだ。子どもをもつか否かは両親の自由である。しかし、2021年の合計特殊出生率（女性1人が一生で出産する子どもの平均数）を見ると、全国平均が1.30であるのに対して、都道府県別では、東京がダントツの最下位47位で1.08、千葉44位（1.21）、神奈川と埼玉がともに40位（1.22）である。かつての日本社会は、優秀な女性たちを家事に専従させ、直接的にはGDPに貢献しない状況をつくっていた。しかし、もはやそんな時代ではないし、女性に社会で働いてもらわない限りGDPの成長も望めない。私自身は、人材の再分配が上記の問題に対しても、大きな効果があると考えている。

私の話が、防災のみならず、我が国の今後のさまざまな社会問題の改善に少しでも役立てば幸いである。

【参考文献】

1）諸井孝文、武村雅之「関東地震（1923年9月1日）による木造住家被害データの整理と震度分布の推定」日本地震工学会論文集第2巻第3号、35-71頁、2002年。

2）中央防災会議 首都直下地震対策検討ワーキンググループ「首都直下地震の被害想定と対策について（最終報告）」2013年12月。

3）中央防災会議 南海トラフ巨大地震対策検討ワーキンググループ「南海トラフ巨大地震対策について（最終報告）」2013年5月。

4）土木学会：「『国難』をもたらす巨大災害対策についての技術検討報告書」2018年6月。

5）東京大学「学生生活実態調査」2018年。

6）日本学生支援機構「学生生活調査」2018年。https://www.jasso.go.jp/about/statistics/gakusei_chosa/index.html

第Ⅱ部

首都直下地震に備える

[第1章]

Tokyo Inland Megaquake

今後の大地震対策：貧乏になっていく中での総力戦

大地震が頻発する時代を迎えた日本

我が国は東日本大震災が起こる前から、大地震が頻発する時期を迎えている。今後30年～50年の間にマグニチュード（M）8クラスの地震が4、5回、M7クラスの地震は40、50回我が国を襲うと考えられている。M8クラスの地震の代表が南海トラフ沿いの東海・東南海・南海地震やその連動型の地震で、M7クラスの地震の代表は首都直下地震である。

政府中央防災会議は、これらの地震による被害を、最悪の場合、南海トラフの巨大地震では被害総額が220.3兆円、死者は32万人を超え、全壊・全焼・津波で流されてしまう建物は238.6万棟と予想している。同様に首都直下型地震では被害総額が95.3兆円、亡くなる方は2万3千人、全壊・全焼建物が60万棟である。これら2つの震災の被害総額は、我が国のGDPを500兆円とすると、首都直下地震で約2割、南海トラフ地震では4割を優に超える額である。死者・行方不明者34万人以上、全壊・全焼建物300万棟以上、住処を失う世帯数は、その2～3倍の数になるので600万～900万世帯に及ぶ。

現在の我が国の少子高齢人口減少や財政的な制約を考えれば、これらの大震災に対する今後の対応は「貧乏になっていく中での総力戦」と言える。このような状況下で、どうすれば将来の被害を最小化できるのか、この問題について、これから12回にわたって、皆さんと一緒に考えていきたい。

貧乏になっている中での総力戦――必要となる意識改革

貧乏になっていく中での総力戦を戦ううえでは、「事前（平時）～事後のどのタイミングで、『人、もの（情報）、金』を使っていくのか」が重要で、そのためには「産官学に加えて、金融とマスコミの連携」が不可欠である。理由は、防災における「公助」が少子高齢人口減少、財政難を背景に今後確実に減っていく中で、その不足分を「自助と共助」の担い手である個人と法人に補ってもらう必要があるからである。すなわち、彼らに自立的に適切な対策を進めてもらううえで、金融とマスコミが重要な役割を持つということである。

また、貧乏になっていく中での総力戦を戦ううえでは意識の改革も必要だ。重要課題を議論する際に、最初から「難しい」とか「できない」などと口にする人がいるが、これはだめである。「できない理由」や「やらなくてすむ理由」探しも止めよう。「前例がないので」と消極的になる人もいるが、どんなことも最初は前例はないのである。だから前例をつくればよいだけのこと。重要なことは、どうすれば、改善できるのか、解決できるのかを考えることである。我が国の防災対策のハード・ソフト技術を、防災ビジネスとして海外展開することも重要である。さらに、防災対策や災害管理に対する意識を「コストからバリュー（価値）へ」、さらに「フェーズフリー」なものにしていくことが求められる。従来のコストと考える防災対策は「1回やれば終わり、継続性がない、効果は災害が起こらないとわからないもの」になるが、バリュー型の防災対策は「災害の有無にかかわらず、平時から組織や地域に価値やブランド力をもたらし、これが継続されるもの」になる。災害時と平時のフェーズを分けない「フェーズフリー」な防災対策は、平時の生活の質を向上が主目的で、これがそのまま災害時にも有効活用できる防災対策である。防災対策のコストからバリューへ、さらにフェーズフリー防災に関しては、12章で詳しく説明する。

災害に強い地域づくり——災害レジリエンスの高い社会とは

私たちが最終的に目指すのは、災害レジリエンスの高い社会である。レジリエンスとは何か。この言葉に似て非なる言葉がレジスタントで、この意味は外力に対して剛に耐えるというもの。一方、レジリエンスは、例えば、植物の笹とか竹が、強風が吹くと自分が変形して、外力の影響を和らげ、被害を軽減するとともに、風が止めば、また元の状態に戻る。こういうしなやかな対応の方が、効率的に災害に対して強い社会が実現できるということで、最近ではよく使われる言葉になった。

では、どのようにすれば災害レジリエンスの高い社会が実現できるのか。重要な要素が2つある。1つは住環境の災害レジリエンスを高くすること、すなわち都市施設としてのインフラや住宅などの災害レジリエンスを高くすることで、もう1つはその地域に住む人々の災害レジリエンスを高くすることである。この「ものと人」の両方が必要なのだが、長期的により重要なのは人である。それは、ODAによる途上国への施設支援などの事例を見ればよくわかる。いくら優れたシステムや施設を導入しても、その維持管理や修繕をできる人を確保しないと、すぐに使えなくなってしまう。一方、人の育成ができれば、多少回り道になったとしても、育成された人々が最終的には災害レジリエンスの高い住環境を実現できるのである。

ところで、我が国を代表として、多くの人々が住んでいる地域が災害の多発地域であることがよくある。ちょっと変な感じもするが、その理由は、自然依存であれ、人間依存であれ、私たちの生活に障害を与える脅

図1：災害頻発地域になぜ多くの人々が住むのか？

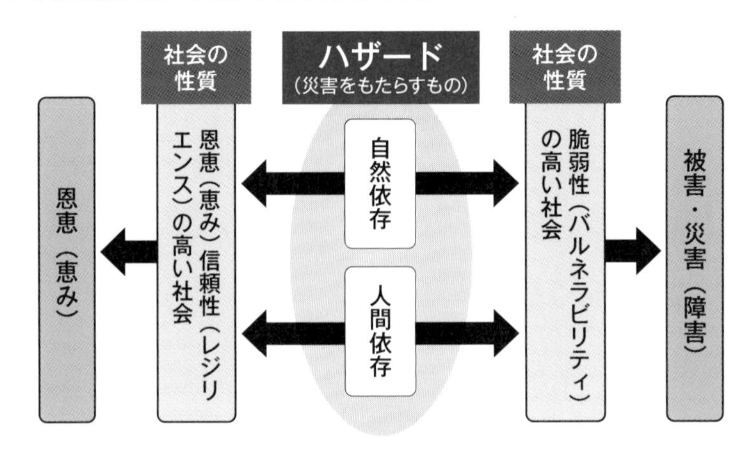

威（ハザード）が、同時に恵みを与えるものでもあるからだ。突然の火山噴火は危険極まりないが、日ごろは温泉や地熱を利用できたり、鉱物資源や地下水が豊富であったり、景色が美しく観光資源になったり、山岳宗教の対象になったりするわけである。集中豪雨も治水ができれば、淡水の雨水は農業にも産業にも重要な水資源である。一方、人間依存のハザードと災いの例として、自動車と交通事故死者の例を紹介する。我が国で交通事故死者が最も多かったのは1970年で、1年間に1万6,765人が亡くなっている。当時、我が国が所有していた自動車数は約1,800万台であった。その後、さまざまな努力によって、交通事故死者は減少した。現在の我が国の自動車数は8千万台以上であるが、2015年の交通事故死者は4,117名（4千人台の最後)、2021年には2,636人になっている。自動車数が4～5倍に増えているに交通事故死者数を6分の1以下にできたのはなぜか。これはシートベルトやエアバッグ、最近では自動ブレーキなど、「もの」としての自動車の安全性を向上したこと、同様に「もの」としての道路施設の整備によって安全性を向上したこと、さらに「人」としてのドライバーの安全性を教育と厳しい罰則によって向上したことで、図1の右側の障害としての交通事故死者を大幅に減らし、右側の物流やドライブを楽しむという恵みを増加することができたということである。さらに1970年当時の排気ガスは環境負荷が高く公害の原因にもなっていたが、現在の排気ガスは環境負荷も大幅に軽減され、環境改善にも大きく貢献している。

災害のメカニズム――「災害は進化する」というが

災害のメカニズムは、入力（インプット：I）→システム（S）→出力（アウトプット：O）の関係として考えると理解しやすい（図2)。地震防災においては、入力としては、地震の発生や地震動、津波などを考えればよいだろう。システムとしては、地域住民の生活スタイルに影響を与える地域特性や社会システムを想定する必要がある。これは地域の自然状況を特徴づける自然環境特性（気象／気候、地理、地形、地質／土質など）と社会状況を表わす社会環境特性（人口分布や密度、都市システム、インフラ、政治・経済、文化／教育、歴史／伝統、宗教・思想、防災対策など）から構成される。また地域活動や住民生活が時間によってダイナミックに変化することから、地域特性や社会システムを表現する変数には、季節・曜日・時刻などの時間の項が入ってくる。出力は、対象とする現象によって、構造物の応答や組織や社会の対応となって現われ、これがある限眼界値を超えると地震被害となる。

このように、災害の規模と質は、入力（I）とシステム（S）の関係によって決定される。巨大災害は、このI→S→Oが複雑に絡み合いながら連頻反応を起こしていくことで、時空間的に拡大した現象としてとらえることができる（図2の下の左右の図）。

「災害は進化する」と言われるゆえんは、地球温暖化などの例外を除き、入力としてのハザード（自然の脅威）が変化しているのではなく、それを出力である災害（ディザスター）に変換する地域特性や社会システムの変化がもたらす現象として理解できる。発展途上国で現在発生している災害

図2：災害現象のメカニズム

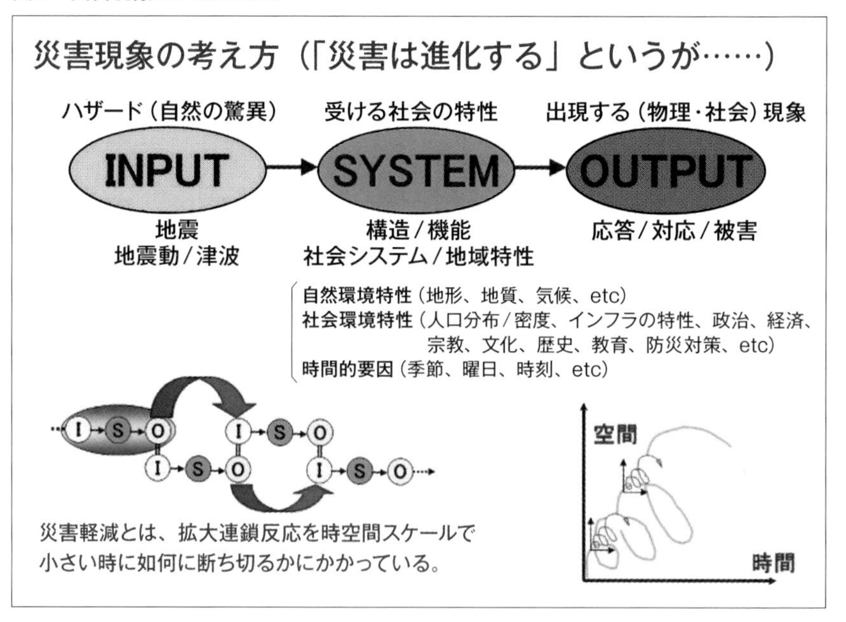

が、先進国の過去の災害に類似していたり、開発や発展の程度によって起こりうる被害のタイプの分類が可能であるのもこのためである。

現在では、世界中で発生した地震に関して、それがある程度以上の規模であれば、いつ、どこで、どの程度の地震が起こったのかをすぐ知ることができる。しかし、その地震によって、どこにどれだけの被害が発生し、被災地の人々がどんなことで困っているのかを知ることは困難である。その理由は、地震というインプットが分かっても、その地域の現在の地域特性や社会システムが分からなければ、その地域の被害というアウトプットが理解できないからだ。

皆さんが今住んでいる場所が人工島などでなければ、そこに千年前とか1万年前に住んでいた人々が経験した地表の揺れと、皆さんが今後経験する揺れには大きな違いはない。しかし、彼らが受けていた被害と、今後、皆さんが受ける被害はまったく異なったものになる。理由は、この千年、1万年の間に、地域特性や社会システムを大きく変えたために、アウトプットとしての被害の様相がまったく変わってくるからだ。

では、ある程度、地域特性や社会システムが似かよってくると、災害はいつでも同じようになるかというと、そうではない。次に重要になってくるのは時間的な要因である。発災の季節や天候、曜日や時刻の違いによって被害は大きく異なってくるのである。夏の地震か冬の地震か、季節によって被害は大きく変わるし、衣食住すべての面で、対応も当然違ってくる。朝の地震か夕方の地震かでも大きく変わる。地震の後に10時間、明るい時間が待っているのか、暗い時間が待っているのかでは、災害対応の条件は大きく違うわけである。

総合的な災害管理とは

東日本大震災以降、「防災から減災へ」の言葉をよく聞きく。「防災」を被害抑止対策のみと考え、全ての被害を抑止することはできないので、事後対応を含めて被害の影響を最小化したいという趣旨で用いられているようである。しかし私は、「減災」という用語には、以下で説明する2つの理由から違和感を持っている。

理由の1つは、防災に対する理解不足である。防災で最も重要な法律は、1959年の伊勢湾台風をふまえて1961年に施行された「災害対策基本法」である。他の法律と同様に、「災害対策基本法」においても、最初に「目的と背景」、次に重要な用語の定義が書かれている。防災も第一章（総則）の第二条の二で、「防災は災害を未然に防止し、災害が発生した場合における被害の拡大を防ぎ、及び災害の復旧を図ること」と定義され、抑止と災害対応と復旧を合わせた概念である。これは、先ほど説明した「減災」は防災そのものだということ。ただし、「より良い復興（大規模災害を地域社会が抱える課題を解決するチャンスととらえて、復興時に発災前よりも良い地域環境を実現する）」の概念が弱いので、東日本大震災を踏まえて「復興法」が整備された。

2つ目の理由は、国民をミスリードする可能性への危惧である。現在我が国が直面する巨大地震は、事後対応だけでは復旧・復興が難しい規模であることを考えると、事後対応にウェイトを置く（少なくとも、置くように国民に感じさせてしまう）「減災」は国民をミスリードしかねない。現在の我が国のように、巨大地震災害に直面する可能性の高い状況下で本質的に重要な対策は、発災までの時間を有効活用した事前のリスク軽減対策である。すなわち、脆弱な建物や施設の強化とともに、災害リスクの高い地域から低い地域へ人口を誘導するなどして、発災時の被害量を自分たちの体力で復旧・復興できるレベルに小さくすることである。

しかし、「防災」がその漢字の持つ意味から、どうしても事前の抑止対策のみと誤解されやすいこと、また、災害対策基本法が定義する「防災」には「復興」の概念が欠けていたので、私は新たに「総合的な災害管理」とか「総合的な災害マネジメント」という用語を使うようにしている。これは3つの事前対対策と4つの事後対策を合わせた7つの対策（これを「災害対応の循環体系」と呼ぶ）から構成されている（図3）。

まず初めの「被害抑止」は構造物の性能アップと危険な地域を避けて住む土地利用規制によって、そもそも被害を発生させない対策である。次の「被害軽減」は、被害抑止対策だけでは賄いきれずに発生する災害に対

図3：総合的な災害管理のあり方

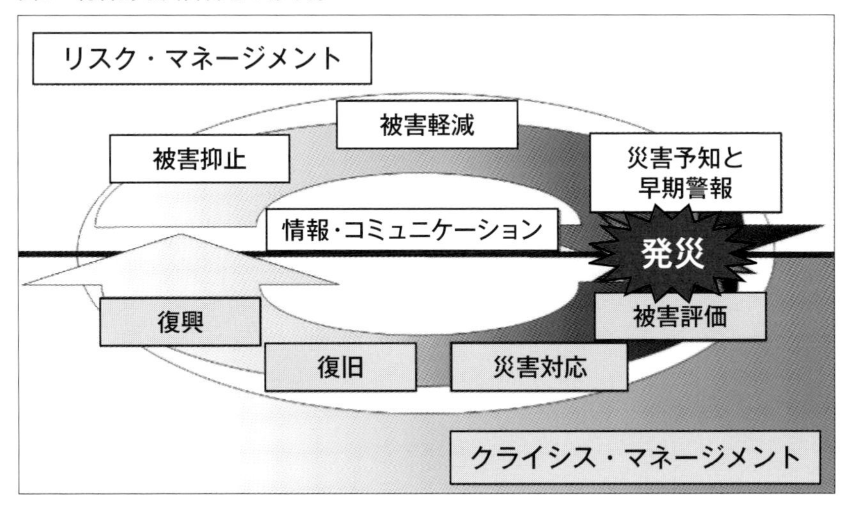

して、事前の備えでその影響が及ぶ範囲を狭くしたり、波及速度を遅くしたりする対策である。具体的には、災害対応のための組織づくり、事前の復旧・復興計画や防災マニュアルの整備、日頃からの訓練などである。3番目として発災の直前にやるべきことは、「災害の予知/予見と早期警報」で、ここまでが事前対策である。

発災後にまずすべきことは「被害評価」で、被害の種類と規模、その広がりをなるべく早く正確に把握することである。次がその結果に基づいた「(緊急) 災害対応」。この主目的は人命救助や2次災害の防止、被災地が最低限持つべき機能の早期回復である。ゆえに被災地の回復までは対象としていないので、「復旧」「復興」が必要になる。「復旧」は元の状態まで戻すことだが、その状態で被災したことを考えれば不十分なので、改善型の復旧としての「復興」が必要となる。図の中に「情報とコミュニケーション」が示されているが、これはいずれの対策を講じるうえでも、適切な情報の提示とコミュニケーションが重要であることを示している。

図3の白色部分がリスク・マネジメント、発災直後の灰色部分がクライシス・マネジメントであるが、日本語では両者とも「危機管理」と呼ぶこ

とが多いので意味の違いがあいまいだが、この2つはかなり違う概念である。リスク・マネジメントは将来的に起こる（まだ起きていない）事象に対して、それが発生した場合の被害を予防・軽減するために、最も合理的な事前・事後の諸対策を選択し、それらの進捗を管理するものである。一方、クライシス・マネジメントは起きてしまった事象に対して、時間と資源の制約がある中で被害の拡大を防ぐとともにそれらの影響を最小限に留め、迅速かつ的確な復旧・復興を推進させるための管理・運営法である。両者のフェーズでのコミュニケーションを、それぞれリスクコミュニケーション、クライシスコミュニケーションと言う。

リスク・マネジメントとクライシス・マネジメントに関して、よく指摘される問題を紹介する。リスク・マネジメントはまだ発生していない危機（災害）を対象とするので、時間管理が難しく、これが適切でない場合がよくある。一方、クライシス・マネジメントは起こってしまった危機（災害）に対して、時間や資源の制約を前提に対応するので、リスク・マネジメントに比べて時間管理はしっかりしている。しかし、クライシス・マネジメントの担当者が、「有事は俺に任せておけ」的な人が多く、事前のリスク・マネジメントへの注意が不十分な場合がよくある。リスク・マネジメントとクライシス・マネジメントは、本来はシームレスな連携が重要だ。なぜなら、リスク・マネジメントが不十分であると、直後に発生する

図4：総合的災害管理マトリクス

発災⬇

		被害抑止	被害軽減	予知・早期警報	被害評価	災害対応	復旧・復興
自助（市民＋法人）	H						
	S						
共助	H						
	S						
公助	H						
	S						

被害が増大し、クライシス・マネジメントで取り扱う仕事が増えるだけでなく、労働環境も悪化するのでうまくいかなくなる可能性が高まるからである。

総合的災害管理の担い手は「公助」・「共助」・「自助」であり、具体的には、それぞれ、個人と法人（自助）、それらのグループやコミュニティ、NOPやNGO（共助）、国・都道府県・市町村の行政（公助）である。図4に示す「総合災害管理マトリクス」は、7つの対策（復旧・復興を合わせると6つ）に対して、それぞれハード対策（H）とソフト対策（S）があり、また「自助」・「共助」・「公助」に対応する三つの担い手がそれぞれ行うべき具体的な対策の内容を示すものである。次章で、このマトリクスを活用して、どのように効果的な防災対策を立案・実施すればよいのかについて紹介する。

［第2章］

総合的な災害管理で効果的に災害リスクを低減する

総合的な災害管理とマトリクス

第1章では、「防災から減災へ」の言葉に対する違和感と、「総合的な災害管理（マネジメント）（図1)」について紹介した。「総合的な災害管理」は、「被害抑止」「被害軽減」「災害予知と早期警報」の3つの事前対策と、「被害評価」「（緊急）災害対応」「復旧」「復興」の4つの事後対策を合わせた7つ（復旧と復興を合わせた場合は6つ）の対策によって、社会が被るハザードの障害の最小化と災害発生時を被災地の潜在的な課題の改善や解決の機会として活用するものである。

また、「被害抑止」から「復興」までの各フェーズの対策と担い手である「自助・共助・公助」、さらにハード（主として構造物による対策）と

図1：総合的な災害管理のあり方

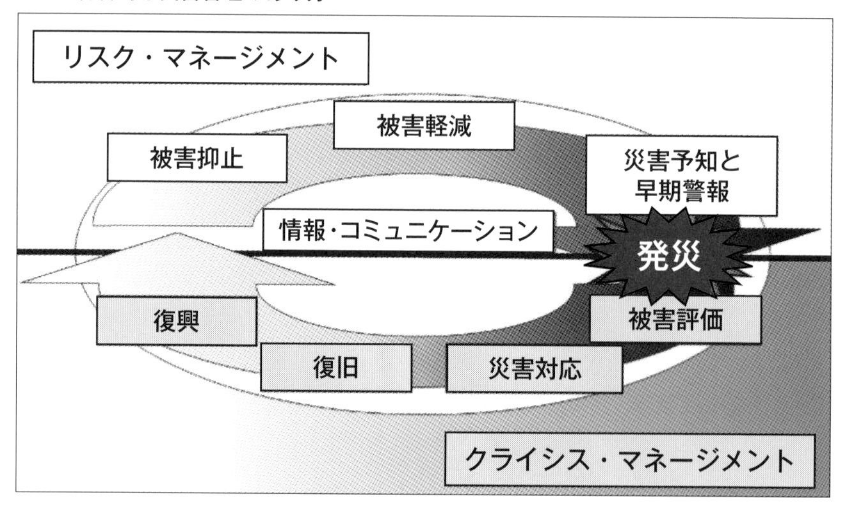

ソフト（構造物以外による対策）に分け、それぞれの担い手がどのフェーズに何を実施すればよいのかを示す「総合的災害管理マトリクス（図2)」についても紹介した。

本章では、この「総合的災害管理マトリクス」を活用して、どのように効果的な防災対策を立案・実施すればよいのかについて紹介する。

図2：総合的災害管理マトリクス

発災⬇

		被害抑止	被害軽減	予知・早期警報	被害評価	災害対応	復旧・復興
自助（市民+法人）	H						
	S						
共助	H						
	S						
公助	H						
	S						

「ありのままの姿」から「あるべき姿」へのプロセス

総合的な災害管理力の向上は、図2に示す「総合的災害管理マトリクス」に、担い手別に実施すべき全ての個別対策を網羅した「あるべき姿」を表す対策マトリクス（M）と現在の対策の状況を評価する「ありのままの姿M」を用意することから始まる。次に両者の差分をとった「これから実施すべき対策M」を求める（図3（a））。これは実施した方がよい対策のリストであり、優先順位は不明である。そこで、ハザード別に得られた「実施すべき対策M」の各対策項目に関して、実施に当たっての担当者や組織（責任部局)、実施に要する予算と時間、達成時の効果を付加する。この作業によって、同じ対策であっても対象地域ごとに、必要経費も時間も、そして効果も大きく異なることが明確になる。

ところで、上で説明した手続き中で、防災部局の人たちができるのは、

図3：効果的な地域防災計画の立案と実施のための方策

(a) 実施すべき対策マトリクスの求め方

あるべき姿マトリクス

発災⬇

		被害抑止	被害軽減	予知・早期警報	被害評価	災害対応	復旧・復興
自助（市民＋法人）	H						
	S						
共助	H						
	S						
公助	H						
	S						

標準化の必要性

ー

ありのままの姿マトリクス

発災⬇

		被害抑止	被害軽減	予知・早期警報	被害評価	災害対応	復旧・復興
自助（市民＋法人）	H						
	S						
共助	H						
	S						
公助	H						
	S						

実施すべき対策のマトリクス

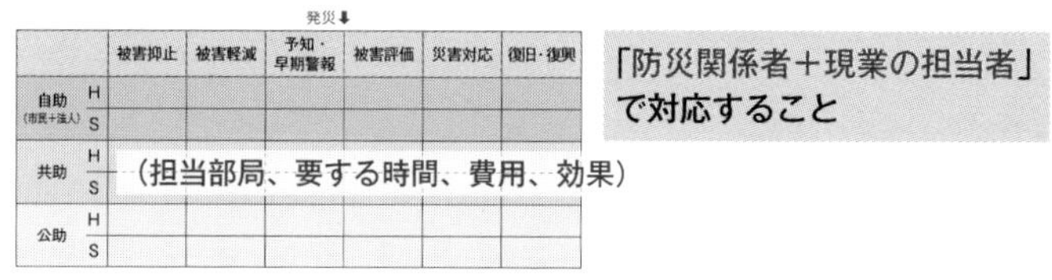

(b) 全体として実施すべき対策マトリクス

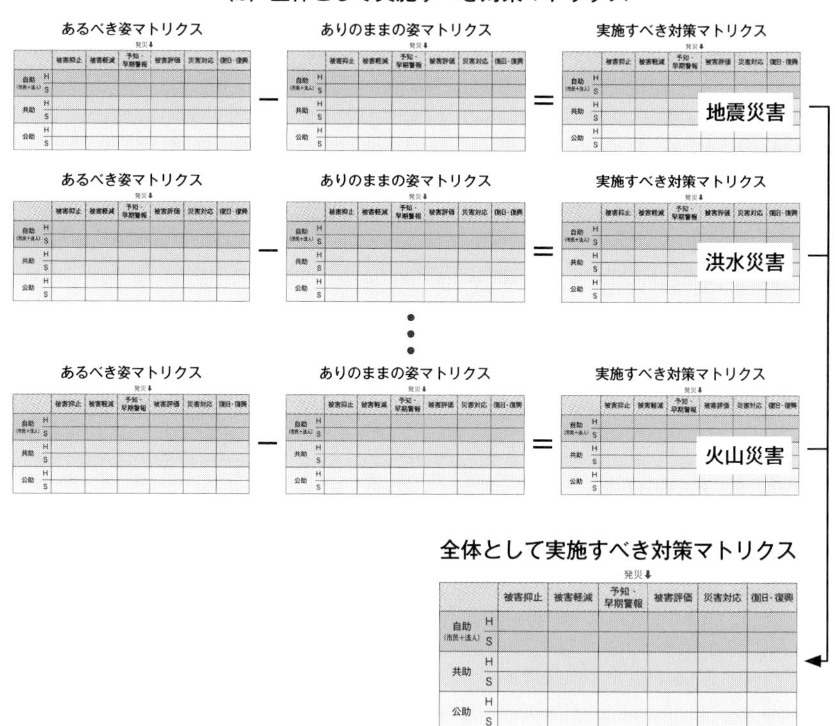

(c) 効率的な防災計画の立案と実施のためのPDCAサイクル

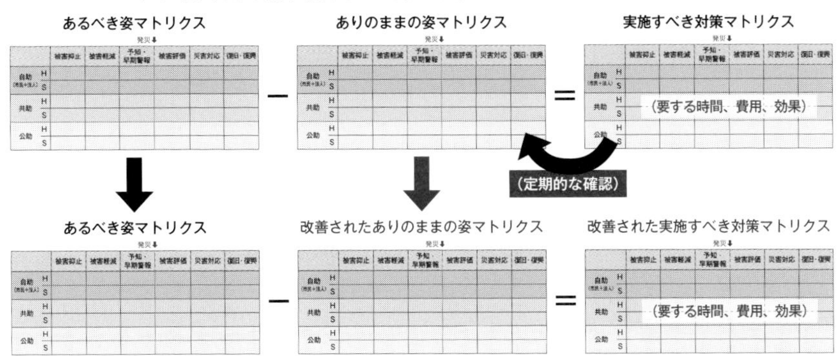

「実施すべき対策M」の各対策項目の担当者や組織(責任部局)の抽出までである。その次からの予算や時間の見積もり、その効果の評価などは担当者と一緒に検討しなくては難しいだろう。

対象地域で対応が求められる各ハザードに対して同様の作業を行い、これを統合する(図3(b))。こうすることで、利用可能な予算と時間が与えられると、その条件の下で最大の効果を発揮する対策の組み合わせが抽出可能となり、これを一定期間実施する。これらのプロセスを複数年度の計画で繰り返し実践することにより、PDCAのマネジメント・サイクルを実行でき、合理的な進捗管理を行うことができる(図3(c))。

従来は、このような具体的な手続きは示されていなかった。そのような中で、専門家は自治体の防災担当者に、「あなたの自治体の特性を踏まえて適切な地域防災計画をつくってください」とか、「地域防災計画に基づいた効果的なアクションプランをつくってください」などと言ってきたが、それは無理である。予算の問題に加え、専門性が低いからだ。具体的な方法論を示し、それに従ってやれば、自然と最適な防災計画と効果の高いアクションプランが一気通貫で完成するようなシステムを構築することが重要なのである。

またこのようなシステムがあれば、有限な時間と予算の中で、「同じ自治体の中のA地区、B地区、C地区の中から、なぜA地区を最初に選んで対策を実施するのか？」などの質問へも、首長が具体的にその根拠を説明することができる。

災害対策基本法では、地域の災害対策の責任者は市町村長である。ゆえに市町村が想定するハザードは、どうしても自分たちだけで対応可能なサイズのものになりがちであった。これでは想定を超える災害への対応は無理である。これからは図4に示すようなマトリクスを用意し、自分たちが対応できない箇所は県や国にお願いする欄を用意して対策を考えることが大切である。こうすることで、自分たちの対応力を超えるハザードも想定対象にできる。また都道府県は、従来は「市町村からの依頼を待って、それが挙がってきたら調整して返信すればよい」と考えていたわけだが、市町村からの依頼がない場合には、自らが市町村に出向いて行って、市町村の活動を代行しなければいけないことが明確にわかる。さらに、このマトリクスに、市町村、都道府県、国がやるべきことを全部書き出してみれば、これまで気づいていなかった、3者の間に存在していた大きなギャップや重複も見えてくる。

このような考え方は行政だけでなく、一般の会社の災害対策においても応用できる。「市町村－都道府県－国」の関係を「係・課－部－会社」や「部門－支店―本社」などに置き換えて、階層ごとの役割と相互関係を確認することが重要である。

図4：国・都道府県・市町村の関係

発災⬇

		被害抑止	被害軽減	予知・早期警報	被害評価	災害対応	復旧・復興
市町村	H						
	S						
都道府県	H						
	S						
国	H						
	S						

災害対策基本法の課題：被害想定結果の利用法と規模の設定

防災計画と実際の防災対策の乖離

市町村や都道府県の防災部局にとっては、災害対策基本法に従って地域防災計画をつくることが目的化してしまっている。言うまでもなく、計画に基づいたアクションプランを実際に実施するから、被害が減ったり、対応力が向上するのだ。しかし実態は計画の作成で安心してしまい、実際に現場で動いている対策と計画の関係が不明確なことが多い。ここで紹介した地域防災計画の立案法は、防災計画とアクションプランが一気にできるわけである。誰が、どのフェーズのどんな対策を実施することが、最も効果の高いアクションであるかがわかるので、それを実施していけばよいのである。

災害リスクと防災対策の優先順位づけ

ここまで「総合的災害管理マトリクス」を用いた防災計画やアクションプランの作り方の話をしてきたが、これは数多くの対策の中から担い手別に効率的な対策を抽出する手法ともいえる。災害対策は有限の時間と資源（人材や予算）の中で実施するものなので、適切な優先順位付けが必要なのだ。

この優先順位は、通常は「ハザード×バルネラビリティ」で定義されるリスクの高低を指標とする。ハザードは被害を引き起こす自然の驚異で「外力の強さと広がり×発生確率」で表される。地震災害であれば、揺れの強さである震度が「外力の強さ」、その震度のエリアの面積が「広がり」、そしてそのような地震が何年に1回起こるかが「確率」である。バルネラビリティは日本語では一般に脆弱性と訳されるが、分かりやすく言うと「ハザードの影響を受ける地域に存在する価値の中の弱いものの数（強いものは被災しない）」である。ここで言う価値とは、人命や財産、機能などである。最終的にリスクは「起こった時の被害の規模×発生確率」になる。ここで低頻度巨大災害とよく起こる中小災害のリスクを比較すると、低頻度巨大災害の場合に、低頻度が効き過ぎるとリスクが相対的に低くなり、対策が後回しになったり、事後対策が選択されたりする。しかし、ここには落とし穴がある。それはリスクの概念で優先順位付けをしてもよいのは、起こる災害の規模が対応母体の能力（体力）で復旧・復興できるサイズまでということ。それを超える規模の災害は事後対応のみでは復旧・復興できないので、発災までの時間を有効活用して、主として被害抑止対策で発災時の被害を、事後対応で復旧・復興できるサイズにまでダウンサイジングすることが不可欠なのである。そしてまさに、現在の我が国が直面している首都直下地震や南海トラフ沿いの巨大地震の被害規模がこれに相当する。

地球温暖化などの例外を除き、通常、私たちはハザードを変えることはできない。すなわち、火山噴火や地震の発生を阻止することはできないので、社会のバルネラビリティを低下させ、リスクを減らし将来の被害を軽減するしかないのだ（図5）。

図5：ハザードとバルネラビリティの関係

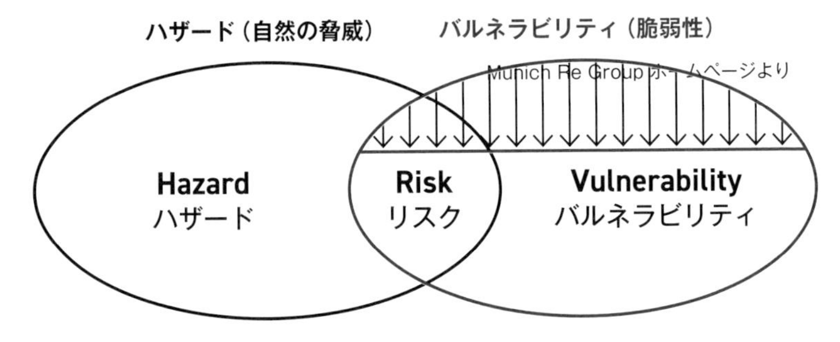

公表された世界の主要都市の災害リスク

図6は2002年にミュンヘン再保険会社が評価した世界の主要都市の災害リスクである。我が国では、「東京・横浜」地域と「大阪・神戸・京都」地域が評価され、「東京・横浜」地域は世界でダントツの1位、「大阪・神戸・京都」地域がサンフランシスコやロサンジェルスなどと並んで、2位グループであった。

このような評価値が出ると、リスクの高い地域への資本の投入や観光客の訪問などに対しては大きなマイナスになる。そこで我が国の政府も、こ

図6：ミュンヘン再保険会社による世界の主要都市の災害リスク

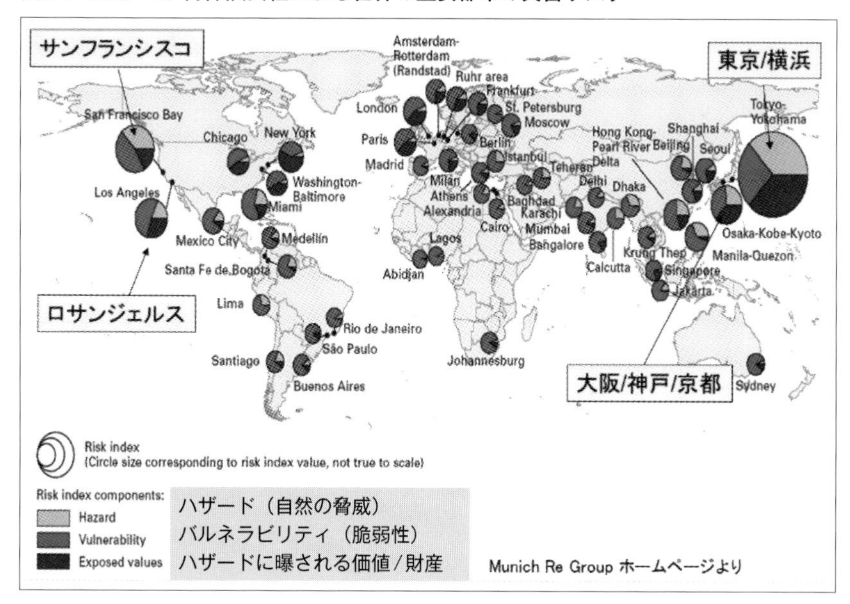

Munich Re Group ホームページより

れを心配し、強靭化やBCMの強化などを進めている。

ミュンヘン再保険会社がこれらの評価値をどのように計算しているのか、その詳細は分からないが、そのグラフの表現を見ると、「ハザード」「バルネラビリティ」「ハザードに曝露する地域に存在する資産・価値」を表している。

前章で、私はリスクの定義を「ハザード×バルネラビリティ」とし、バルネラビリティ（脆弱性）は「ハザードの影響を受ける範囲に存在する価値の中で弱いものの数」と説明した。なぜなら、強靭なものはハザードの影響を受ける地域に仮に存在しても、被災しないからである。しかし、図5では、ハザードの影響を受ける範囲に存在する財産や価値をそのまま標記している。これでは、個別の物件を強靭化したところで、人口や資産の集積度の高い我が国ではいつになってもリスクは低下できない。一方で、ほとんど財産や価値が存在していないのに一定レベルのリスクが示されているのも不思議な感じがする。

このような誤解を生む可能性の高い評価や表現に関しては、適切な説明やクレームをすべきである。そうしないと、数値が独り歩きし、我が国にとっては大きなマイナスになる可能性が高い。我が国は、ハザードの発生頻度の高い地域に位置しているが、過去の災害経験を踏まえ、災害に強い社会の構築に努力し、世界の経済大国になったのである。その努力や実績が正当に評価されない状況は是正すべきなのである。

［第3章］
防災対策の効果を正しく理解することの重要性

防災対策の効果を正しく理解する

防災対策には、主として構造物によるハード対策と、教育や避難など構造物以外の方法によるソフト対策がある。もちろん両者とも、将来の被害軽減を目指しているものだが、時に思わぬマイナスの側面を見せることがある。また、実際に災害が起こると、発生した現象ばかりに目が行き、事前の対策による被害軽減効果や、発災時の条件によって変化する状況を冷静に判断できなくなってしまうことも多い。このような状況は、効果的な防災対策を適切に進めるうえで大きな弊害になる。そこで本章は、防災対策の効果を正しく理解することの重要性について述べる。

誤解されている東日本大震災の教訓

東日本大震災の被災地、特に岩手県や宮城県の海岸地域が、過去に何度も津波被害を受けてきたことはよく知られている。またこれらの経験から、世界最高水準のさまざまな津波対策が実施されていた。ギネスブックにも載っていた釜石港の湾口防波堤や、「田老の万里の長城」と言われていた宮古市田老地区の防潮堤などが、ハード対策の代表的な事例である。しかし、津波はこれらの施設を乗り越えて襲来し甚大な被害を及ぼすとともに、繰り返えす押し引きの波によって施設自体も大きな被害を受けた。マスコミは崩壊した施設の映像を示して、「膨大な予算と時間をかけて整備したこれらの施設が効果を発揮することなく、1万8千人を超える死者・行方不明者が出た」と伝え、多くの国民も納得した。しかしこの認識は正しくない。

東北地方太平洋沖地震が発生した際に、その後に津波が襲来する地域(津波浸水域)内に存在した人々の数がさまざまな方法で調査されている。その数はおおむね62万人であった[1)]。この人々の中で亡くなったのは1万8千数百人で、その割合は約3%である。世界の過去の津波災害において、さらに今回の被災地域の過去の津波災害において、津波浸水域の生存率97%は脅威的に高い数値である。不幸にして亡くなった3 %の犠牲者の原因究明と改善策の提案は言うまでもなく重要であるが、同時に事前のハード・ソフト対策によって、津波浸域水域の97%の人々が助かったことを広く周知しないと、事前対策の重要性が忘れ去られてしまう。

ハード対策のプラスの影響とマイナスの影響

マスコミによって否定的に扱われた防波堤や防潮堤も実際は大きな効果があった。例えば釜石港の湾口防波堤も、図1に示すように、(独)港湾航空技術研究所による詳細な津波シミュレーションから、津波の湾内への

図1：釜石港の湾口防波堤の効果

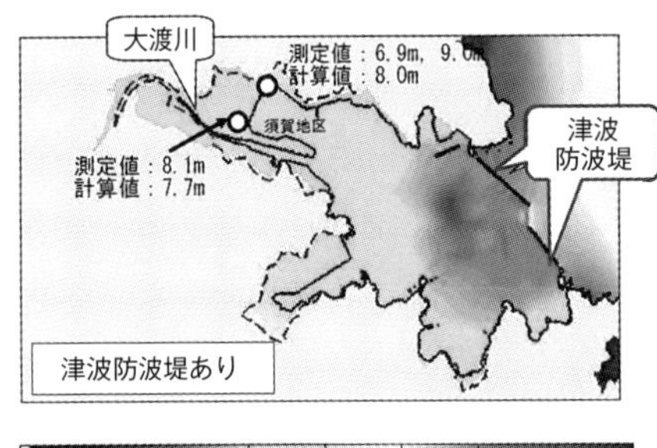

防波堤の効果

津波の到達時間の遅延効果：6分間
浸水深と遡上高さの
軽減効果：3～5割
(実測値を基準にすると、
1.43～2.0倍)

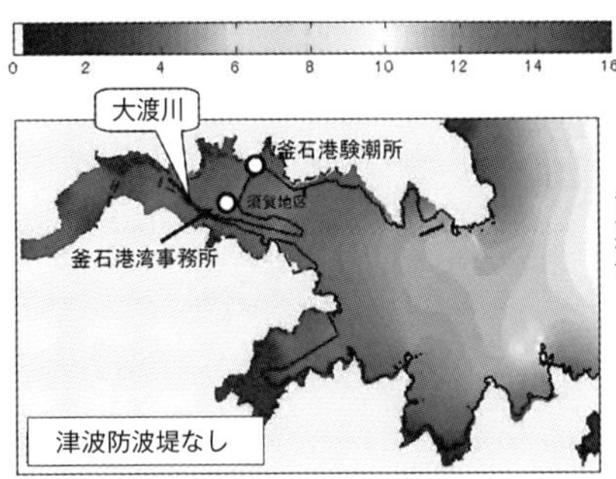

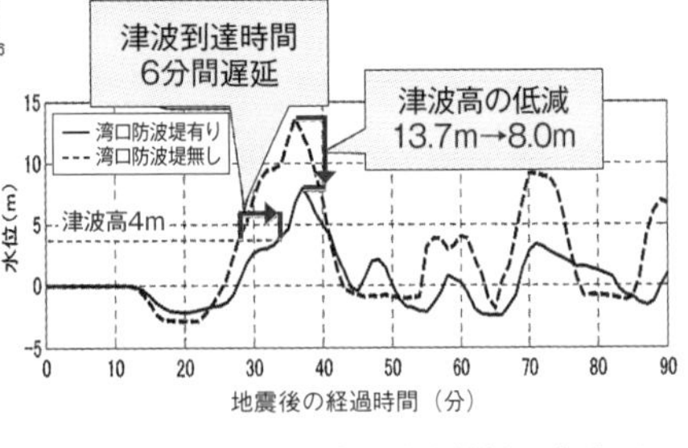

(独)港湾空港技術研究所による

到着時間を約6分間遅延させる効果があったことが確認されている。また津波の流入速度の低下による衝撃力の低減や流入水量の減少による浸水深と遡上高さの3～5割の低下（これは実際の観測値を基準とすると、施設が無かった場合に1.4～2倍になったことを意味する）を実現した。また引き波時にはダム効果によって急激な水位低下を阻止するなど、死者・行方不明者の軽減に大きく貢献した。

今回の被災地域は、1896年の明治三陸地震や1933年の昭和三陸地震をはじめとして、これまで繰り返し津波被害を受けている。明治三陸地震の際には、我が国の人口が現在の約3分の1（約4,200万人）であった時代に、東日本大震災を超える約2万2,000人の死者・行方不明者が発生した。

東日本大震災では、津波浸水域の死者・行方不明者率が最も高い自治体は陸前高田市の12.8％であり、津波浸水域以外を含む自治体全体では女川町の9.46％が最大だ[1)]。しかし明治三陸地震では、はるかに高い死者・行方不明者率の自治体（たとえば、鵜住居村32.7％、釜石町53.9％、唐丹村66.4％など）が多数存在した[2)]。その代表は、昭和三陸地震による甚大な被害を踏まえ巨大な防潮堤（標高10ｍ、延長2.4㎞）を建設した宮古市田老地区（旧田老村／町）である。田老地区は表1に示すように、明治三陸地震での死者・行方不明者率は83.1％、昭和三陸地震では32.5％、東日本大震災では3.9％[2), 3)]と、経験を踏まえた事前対策によって、大幅に被害を減らしている。こういった事実を社会全体で正しく共有する必要がある。

表1：宮古市田老地区の被害の変遷

地震名（発生年月日）	人口（人）	死者・行方不明者（人）	死者・行方不明者の割合（％）	家屋全戸数（戸）	流出・全壊戸数（戸）	流出・全壊戸数の割合（％）
明治三陸地震（1896〈M29〉年）	2,248	1,867	83.1	345	345	100
昭和三陸地震（1933〈S8〉年）	2,773	911	32.5	559	500	89.4
東北地方太平洋沖地震（2011〈H23〉年）	4,302	166	3.9	1,467	979	66.7

一方でマイナスもあった。強大なハード対策は市民を安心させ、避難行動を躊躇させた可能性が指摘されている。とくに、気象庁からの過小評価された津波警報に対して、十分な高さの防潮堤や防波堤を整備していた地域では、「それだったら大丈夫」と思い、避難が遅れたことは充実したハードを持ったことによるマイナスの影響と言える。

ではなぜ津波高さが過小評価されたのか。その原因はマグニチュードの過小評価である。震度が各地の揺れの強さを表すのに対して、マグニチュードが地震そのもののエネルギーの大きさを示す指標であることは皆さんご存知であろう。これを最初に定義したのは米国のチャールズ・リヒター博士だ。少し専門的になるが、リヒター博士は特定の地震計（ウッド・アンダーソン型地震計）が記録した地震動の最大振幅（変位振幅：マイクロメータ）を震央からちょうど100㎞離れた場所に換算した値の常用対数をマグニチュードとした。その後、地震のエネルギーを正確に表現するために、いろいろなマグニチュードが定義された。日本の気象庁もさまざまな工夫を加えてはいるが、リヒター博士の定義と同様に、地震計で記録された地震動（比較的周期の短い揺れ）の最大振幅から定義するマグニチュードを採用している。地震動の最大振幅（とくに短周期成分）から定義するマグニチュードでは「マグニチュードの飽和現象」といって、マグニチュードが7.5程度から8を越えると実際よりも過小評価する傾向が現れる。マグニチュードが大きな地震とは、その原因である断層の破壊面積が大きいということだが、断層面積が大きくなると地震動の継続時間が長くなるとともに卓越周期が長くなる傾向がある。このような地震動を短周期の地震計で観測すると、長周期成分の計測精度は低下し、最大振幅は観測地点に比較的近い場所の断層破壊から発せられた短周期の地震動によって決まる。断層の破壊面積が大きくなった場合に、遠方の破壊現象からの短周期地震動は距離減衰するので最大振幅には影響を及ぼさない。そこで、断層の破壊現象のエネルギーを物理的に忠実に定義するモーメントマグニチュード（Mw）が定義され利用されるようになった。Mwではマグニチュードの飽和現象もなく、マグニチュード8を超えても正確に評価できる。

気象庁も上記のような問題があることは当然承知していたが、頭打ちのある定義のマグニチュードをそのまま使っていた。理由は、断層の破壊現象が終了しないと定義できないMwは早期警報への利用を考えた場合に不利だからである。一方、最大振幅が得られた時点で定義できるマグニチュードは速報性に優れているので、猶予時間を提供しやすい。また日本周辺でマグニチュード9クラスの地震が発生することを想定していなかったのではないだろうか。いずれにせよ、気象庁はマグニチュード7.9という実際よりも大幅に小さなマグニチュードの速報値を用いて、津波の想定をした。

日本の気象庁は世界で最も早く津波の警報を出す優れたシステムを開発し、運用している。これは1993年の北海道南西沖地震の津波災害の際に最大の被災地になった奥尻島で、当時の津波警報が間に合わなかった反省に基づいて開発されたものだ。気象庁は地震発生後に津波想定を行う従来型の取り組みを止め、我が国の沿岸域に影響を及ぼすと考えられるマグニチュードと位置と断層メカニズムの異なる全ての地震を対象とした事前のコンピュータシミュレーションから、地震と各地の津波の到達時間や高さの関係のデータベースを作成した。そして実際に地震が発生した際には、その地震のデータに基づいて、津波のデータをデータベースから取り出して警報を出す仕組みをつくった。これで時間の大幅な短縮化が図られ、地震発生の3分後には警報を出すことができるようになった。

東北地方太平洋沖地震の際もこのシステムによって地震の3分後には、津波警報の第一報を出した。ただし、実際はマグニチュード9.0の地震を7.9として計算した津波情報である。したがって第一報では、「宮城県に6m、岩手県と福島県に3mの津波」となった。その後、28分後には、追加収集されたさまざまなデータ等を合わせて補正し、「宮城県で10m以上、岩手県と福島県で6m以上」とした。しかし、このとき被災地では停電が発生し、この情報を受けることができない人々もいた。さらに地震の44分後には、「青森から、岩手、宮城、福島、茨城、そして千葉県までの太平洋側のすべての海岸で10 m以上」とまた修正するのだが、これが出たときには、もう岩手県は津波に襲われていたという状況であった。

宮古市の田老地区のように10mの防潮堤を持っている人たちは、直後に3mという情報を得たとき、自分たちの持っている防潮堤で津波は十分阻止できると考えたであろう。実際彼らは、1960年のチリ地震の津波をほぼ完全に阻止した経験も持っている。しかも防潮堤が高いから、海の様子が見えない人たちも大勢いた。強大なハード対策と津波の過小評価情報が、逃げ遅れる原因をつくってしまった可能性があるのだ。

ソフト対策のプラスの影響とマイナスの影響

ソフト対策にもプラスとマイナスの効果や影響がある。まず、プラスの効果として釜石市の事例を紹介する。「釜石の奇跡」と言われているものだ。釜石市には地震当時、小・中学生が全員で2,926人いた。そのうち亡くなった子どもは5人で、この5人は、当日、学校を休んでいた子と地震直後に親御さんに引き取られていった子で、学校にいた子どもたちは全員、助かっているのだ。

この背景には、群馬大学の防災の研究者である片田敏孝教授（当時。現在は私の同僚で東京大学特任教授）の貢献がある。彼が文部科学省のプロジェクトで、釜石市で非常に効果的な教育プログラムを実施していた。それは、「避難における三原則」として、「想定にとらわれない、最善を尽くす、率先避難者になる」を徹底して教育するものであった。その典型的な成果が出たのが、釜石東中学校と鵜住居（うのすまい）小学校の事例だ。この2つの学校は隣接しており、日ごろから防災訓練を連携して行っていた。地震直後、鵜住居小学校の生徒たちは、まず三階建校舎の屋上に逃げようとする。しかし、いつも防災訓練を一緒にやっている隣の中学校のお兄さんやお姉さんたちがグラウンドに出ている。そこで、彼らもグラウンドに出る。そして、中学生と一緒に、もともと想定していた避難予定地まで移動する。その途中にある保育園の子どもたちやお年寄りも一緒に連れて逃げた。最初に予定されていた場所まで逃げたところ、裏の崖が崩れで危険だと自分たちで判断し、今度はより高い場所の福祉施設まで移動する。そこでも不十分かもしれないというので、最終的にはもっと標高の高い石材店まで逃げる。逃げる途中では、後ろから津波がどんどん押し寄せて来て、福祉施設の100m手前まで到達する。彼らの学校はもちろん、当初、予定されていた避難場所にいたら、津波にさらわれてしまうという状況のなかで、全員がぎりぎりで助かったのだ。

震災の後、釜石東中学校と鵜住居小学校の生徒たちの行動は称賛された。しかし、私はこれをあまり美談として取り上げない方がよいと思っている。美談とすべきではない理由は、鵜住居小学校と釜石東中学が、ほかの学校に比べてとくに津波浸水域の近くにあったということ。子どもたちが適切な行動をとれば、危険な場所に学校があっても大丈夫と考えるのは危険だからである。野球に例えれば、優れた野手はバッターの過去のデータや癖、打席での構え方などから、まず適切な場所に守る。バッターがゴロを打てば速やかに対応し確実に捕球し、ファーストへボールを投げて、ゆうゆうアウトを取る。では、下手な野手の場合はどうか。まずポジショニングが悪いので、間に合わない。そこで何とか捕球するには横っ飛びするしかない。そこで思い切って横っ飛びして手を伸ばしたところ、グラブの先端にボールが引っかかった。起き上がって、何とかファーストに投げたら、ぎりぎりアウトになった。この様子を見ていたファンは「ファインプレー」というが、これは信頼性の高いプレーではない。前者のプレーの方が、本来はずっとよい。子どもたちがファインプレーをしなくてはいけない状況をつくってはいけないということだ。

ところで、釜石市の小中学生に防災教育をするなかで、片田先生が1人で約3,000人の子どもたちの教育はできないので、教育委員会と地元の先生たちを巻き込んだ。そして、ものすごく具体的に教育した。子どもたちには、「この通学路で、ここからここまでの範囲で地震に遭遇したらどこに逃げればよいのか。次の範囲だったらどこに逃げようか」ということを具体的に実施した。それから、地元のお年寄りに、「子どもたちが来たら、一緒に逃げてください」と言ってまわった。そうしないと、おじいちゃんやおばあちゃんたちは、自分たちだけだったら逃げないからだ。「子どもを守るために一緒に逃げてください」と言って、ご本人たちにも逃げてもらうようにした。

こういった活動を実施しながら防災を教える授業をつくろうと努力するのだが、カリキュラムがタイトで新しい時間を取ることは難しい。そこで、彼らはどうしたかというと、他の既存の科目の中に、どうにかして防災を取り入れられないかを議論した。例えば小学2年生の算数の授業では、「長いものの長さと単位」という単元で、津波の高さを用いて問題を作った。「津波の高さは釜石港で3mになるらしい。では、3mは何cmですか？」。ほかにも、地域の歴史を勉強する時間では、地元に残る石碑を題材として学習させると、石碑には先祖の人たちによる過去の津波災害からの教訓が記されている。これを学ばせるわけだ。また体育の授業では、着衣泳と言って、服を着たままで泳がせ、水泳が得意な子でも泳ぐことが難しくなることを実感させると同時に、津波の高さと流速の関係などの話をした。このように、それぞれの学年のそれぞれの教科の中で、防災にかかわる教材を入れられないかと議論して、テキストを作った。このような教育を2005（平成17）年からやっていて、2011（平成23）年に釜石の奇跡を生んだわけだ。

次はソフト対策のマイナスの効果だ。奇跡を生んだ釜石市の市民には、地震の前にハザードマップが配られていた。釜石市内で亡くなった方の住所とハザードマップの関係を調べてみると、ハザードマップ上で危険性の高いところに住んでいた方は死者の3分の1であった。その2倍の方々はハザードマップ上では、相対的に危険性が低いところに住んでいる人たちであった。つまり、ハザードマップが誤解され、ある種の安全マップのように使われた可能性があるということだ。ではハザードマップは不要なのだろうか。もちろんそうではない。ハザードマップの存在そのものは、多くの人たちを救っている。この点も誤解してはいけない重要な点だ。

【参考文献】

1）本川裕「図録東日本大震災」社会実情データ図録、2011.
2）山下文男『哀史三陸大津波』岩手文庫〈3〉、1982.
3）宮古市『東日本大震災」の記録』2013.12

［第4章］熊本地震災害の対応から学ぶべき教訓

2016年熊本地震災害

2016年4月14日（木）の午後9時26分に、後に前震と呼ばれる地震（M6.5）が発生し、気象庁震度階7（震度7）の揺れが被災地を襲った。その2日後の4月16日（土）の午前1時25分にも、震度7の揺れを伴う地震（M7.3）が発生した。2回の震度7を含め、震度6強の余震が2回、6弱が3回発生するなど、激しい地震動を繰り返し受けた被災地では、約20万棟の建物が被災した。この甚大な建物被害（37名）と各所で発生した土砂災害（10人）などを合わせて50名が亡くなった。家屋の倒壊による37人の死者のうち、7人は前震で、30人は本震で亡くなっている。さらに地震後の避難生活中のストレスや病気の悪化などを原因とする震災関連死が多発し、その数は2023年4月14日現在で226名に上る。

本章では、首都直下地震や南海トラフ地震に向けた対策を講じていくうえで、熊本地震の被害とその対応から学ぶべき教訓について述べる。

連続で激しい揺れが襲ったことの影響

熊本地震では前震と本震、さらに余震による激しい地震動が繰り返し被災地を襲った。震度7の揺れの連発は珍しいが、これに近い状況は、大きな本震と余震、あるいは南海トラフの沿いで巨大地震が連動するケースでも発生する可能性が高い。そこで、本章では激しい揺れが連動したことの影響について少し述べる。

(1) 構造物の被害への影響

我が国の土木構造物や建築構造物の耐震性を規定する耐震基準では、「当該地域で過去に発生した最大級の地震（最悪の地震動『レベル2地震動』を及ぼす地震）が発生した場合にも利用者の生命は損なわない。当該構造物が供与されている期間中に1回程度襲う強い地震動『レベル1地震動』に対しては、被害は軽微に抑え、地震後も利用可能である」ことを目標としている。震度7の地震動は、上述の最悪の地震動『レベル2地震動』に相当するが、これが短期間に複数回襲うことを耐震基準では想定していない。しかし、熊本地震では、2回の震度7に加え、震度6弱以上の揺れが5回も被災地を襲ったことから、今後は、複数の強い地震動に対する対策や、地震後の被災程度と残余耐震性を迅速かつ正確に評価する手法と体制の整備が求められる。

(2) 死傷者数への影響

熊本地震の被災地では、激しい地震動が繰り返し襲ったことで、構造物の被害や土砂災害が拡大・進展した。しかし、これによって、より多くの死傷者が発生したと考えるのは正しくない。熊本地震後の被災地を対象としたアンケート調査結果[1]からは、以下のようなことが分かっている。

午後9時26分に発生した4月14日の地震では、発災時に自宅にいた人は全体の87.2％であった（その他は、会社や学校に居た人：4.3％、移動中だった人：4.0％など）。一方、本震が起こった4月16日午前1時25分には、余震が続く中、自宅に居た人は全体の22.0％で、他は町の指定避難所にいた人が28.7％、知人宅が11.3％、屋外が31.2％（車中避難を含む自宅敷地内の屋外：13.1％、指定避難所周辺の屋外：8.9％、指定以外の公園等の屋外：9.2％）などであった。耐震性が低く前震で被災した人々が、余震を恐れて非難したのだ。

4月16日未明の地震による倒壊建物数は14日の地震の2倍以上である。14日の地震で一部被災した建物が16日の本震で倒壊したケースもあるが、地震動の分析結果からは、16日の地震動は同じ震度7でも14日の地震動よりも構造物を壊す力がはるかに強く、より広域を襲っていること、前震がなくても、この地震動だけでもほぼ同数の建物を倒壊させる力があったことが分かっている。ゆえに、もし14日の前震がなく、いきなり16日未明の本震が被災地を襲った場合には、実際よりも多くの犠牲者を出した可能性が高い。

前震を伴わずに本震が発生した状況を前提に、熊本地震の建物被害による死者数が阪神・淡路大震災と同様であったと仮定する。本震の発生時刻は真夜中の1時25分なので、ほぼ100%の人々が在宅であったはずだ。阪神・淡路大震災では直後に10.5万棟の建物が全壊し5,500人が死亡した。熊本地震では8,400棟が全壊したので、これによる死者数をX人とすると、次の式が成り立つ。

10500：5500＝8400：X

上式からXを求めると、Xは440になる。建物の被害によって亡くなった人の実数は、前震と本震を合わせて37人なので、前震がアラートとして非常に大きな意味を持っていたことがわかる。発災時刻までを考えれば、兵庫県南部地震は5時46分で熊本地震が夜中の1時25分であったことを踏まえると、救命救助の条件からは、熊本地震の犠牲者はもっと多くなった可能性もある。

プッシュ型支援から得られた教訓

熊本地震では、後述（5章）するように、政府は前震の直後に非常災害対策本部を設置するとともに、4月15日翌日には熊本県庁内に副大臣を本部長とする非常災害現地対策本部（現地対策本部）を設置し、迅速な災害対応を展開した。一連の災害対応の中で、今回初めて実施された対応として、被災地からの要請を待たずに人材や物資を支援する「プッシュ型支援」がある。この支援は、混乱していた被災自治体の災害対応の促進、さらに被災地内での水や食料をはじめとする主要物資の不足感の解消などに一定の成果を挙げた。しかし、一連の対応のレヴューからは、支援する側と受ける側で共通する課題とそれぞれが有する課題が指摘できる。まず共通する課題としては、災害対応業務（国・都道府県・市町村）と訓練の標準化である。これは、以下で説明する支援する側とそれを受ける側の課題が解決された後も重要なポイントである。

(1) 支援する側の教訓

支援する側の課題としては、まず「プッシュ型支援」を実施するか否かの明確な基準を整備し、災害ごとの不公平や政治的な影響を避けるべきである。

次に救援物資に関しては、a) 物資の調達と発送までの複雑な手続きの簡素化、b) 支援物資の被災地への搬送法の吟味、c) 輸送中の物資が今どこにあるのか、物資の在庫状況はどうかなどの物資のトレース法の確保、d) 物資別・地域別供給能力マップの整備、e) 広域物流拠点から避難所までのラストワンマイルの計画整備、f) 国〜県〜市町村、製造事業者、物流事業者が、発注状況や製造状況、輸送状況等の情報を共有できる物流システムの構築とこれを使いこなすための実践的な訓練の実施、などが挙げられる。

上のd) は、以下のような教訓をもとにしている。熊本地震の発生直後、政府は約十万人の被災者に対して、1日3食で3日分の食料（90万食）を被災地の熊本にプッシュ型で送り込んだ。しかし、関東や中部から調達して送ったので時間もかかり、賞味期限間近で届いたものもあったし、いつ届くのか不明な状況も生まれた。実はこの90万食の食料は九州内で全て調達できたのだ。事前に、地域ごとに物資（人材も）別に供給できる量を調査し集計しておけば、この問題は発生しなかったのだ。

人材支援に関しては、被災自治体への国の職員のリエゾン派遣ではスピードを重視したことから、派遣される職員に対するケアが不十分であったことが指摘できる。業務内容に関する十分な説明がないままに現地に派遣されたケースが散見されるし、派遣職員の執務環境や生活環境、さらに勤務条件等の改善も課題である。

今回の派遣では、被災地の出身であったり、勤務経験のあった職員が調整等で効率的に活動できたことから、今後は、過去の災害対応経験、業務地や出身地などの情報を含む派遣職員リストの整備と訓練が重要である。

⑵ 支援を受ける側の教訓

支援を受ける被災地側の教訓としては、効果的に支援を受け入れるための「受援力」の不足が指摘できる。阪神・淡路大震災以降、神戸市や兵庫県などをはじめ、他地域で起こった災害支援の活動が多く行われるようになった。複数回の支援を行っている自治体も少なくない。しかし一方で、複数回の支援を受けた経験のある自治体は非常に少ない。これが受援力の不足の背景にある。

外部からの支援者が災害対応の支援活動を行うスペースの確保、被災地内での支援者の生活環境の整備、支援者に依頼する災害対応業務の事前の吟味などが不十分であった。災害対応の現場では、外部から支援に入った上位機関（県にとっては国、市町村にとっては国や県）の職員に対する地元行政職員からの不満も聞こえたが、これらの原因の多くは、事前の「受援力」の準備不足であった。

災害対応へ及ぼす平成大合併の影響

災害対策基本法では災害対応の第一義的責務は市町村にあるが、昭和の末期に3,350ほどあった市町村は平成の大合併によって1,740ほどに減っている。約2分の1になったので面積はかなり大きくなったが、人口はどうかと言うと、人口10万人以下の市町村の割合が全体の85％、同様に3万人以下が53％、1万人以下が27％である。合併によって職員数も削減され、人口当たりの職員数は合併前よりも減っている。結果として、現在、市町村の防災や危機管理関連部局の職員数は、人口10万人で10人前後、3万人では3～5人程度、1万人以下であれば他部門との兼務職員が1人、多くても2人である。

ところで、地震や台風、大雨（これらをハザードと呼ぶ）は、基礎自治体の空間的な広がりや行政境界とは無関係に起こる。合併によって対応する側の資源は減ったが、ハザードの頻度や規模は合併前後で変化しない。洪水災害などではむしろ増えている。災害対応における条件を、自治体の人口を基準として比較すると、人口の少ない自治体では、被災人口は少なくなる。しかし、人口密度が低く広く分散していることが多いので、被災人口の割に被害分布は広くなり、対応は困難になる。インフラの被害や土砂災害、森林や農地を含めた被災面積は、人口が少なくても広範に及ぶことも多い。よって、少子高齢人口減少社会の我が国では、少人口自治体の災害対応は、今後必然的により厳しくなっていく。

このような状況下で、私が重要と考えるポイントを、将来の被害抑止の視点と将来の災害対応力強化の視点から以下に述べる。

(1) 将来の被害を抑止するために

まずは、将来の被害抑止の視点である。増田寛也氏によると、今後地方の市町村の人口はどんどん減り、各地で限界集落が発生し消滅の危機に直面するという。このような状況下では、従来の集落の数や分布をそのままに人口の変化を自然に任せるのではなく、各地域の災害危険度を評価し、危険度の高い地域に住む人々を危険度の低い地域にうまく誘導することが大切だ。この対策は人口減少社会で効果的に実施できるし、これによって移動して入ってくる人々もそれを迎い入れる人々もハッピーな環境整備が可能になる。

この時、重要なのは、今後は行政も市民も大きな財政負担は難しいので、市民のライフプランの中で、例えば引っ越しや住宅の建て替えのようなタイミングに、災害危険度の低い地域で人口減少によって不要となるスペースに移動してもらうことが大切だ。こうすることで、特別な対策費や予算措置がなくても、自治体全体としての将来の災害リスクも被害量も大幅に減り、災害対応の環境も大幅に改善される。

(2) 災害対応力の強化のために

次は災害対応力の強化である。私の結論は、災害対策基本法を改正し、災害対応の責任を市町村から都道府県に変えた新しい体制を整備すべきだということ。現在も災害救助法の主体は都道府県知事である。

適切な災害対応には実経験が重要だが、災害のデパートと言われる我が国であっても、時期やエリアを限定すれば頻度は高くない。ゆえに、各市町村の防災部局の職員が、3年程度の任期中に実経験を積むことは難しい。結果として、市町村の大規模災害対応は「いつも初めて」の経験になり、「何をすればよいのかわからない」状況から始まる。現在、そして今後の市町村を取り巻く環境を前提にすれば、1,700を超える各市町村に、災害対応の経験や教訓を個別に蓄積・遺伝させることがいかに難しいかは論を待たない。

一方で数十の市町村を束ねる都道府県であれば、年間に少なくとも1、2回の災害対応は経験する。3年程度の任期を対象としても、防災部局の全担当者が数回以上の災害対応の経験を積むことになる。事前の防災対策は、時間的な余裕もあるので地域を良く知る市町村が主体となって推進できる。しかし、人口の少ない自治体では、初めての災害対応で、しかも外部支援職員やボランティアなどを含め、日頃管理している職員の数十倍もの人間を適切に管理することが求められるが、これは容易なことではない。今後は、災害対応のノウハウや教訓は都道府県に蓄積・遺伝させ、被災市町村の災害対応を管理するシステムを構築すべきだ。

しかし、都道府県の防災部局の担当者の数は少ないので、市町村との人事交流によって人数を確保するとともに、平時からの交流によって人的ネットワークを構築することが重要だ。災害が起きれば、都道府県が市町村に入り、災害対応を管理し、市町村側は人事交流を経験した職員が窓口となり都道府県の管理の下で災害対応に当たる。首都直下地震や南海トラフ巨大地震に対しては、こうした仕組みを道州制くらいの規模で行い、都道府県同士をつないでおく必要がある。

また、現在行政が担当している災害対応業務の中から、経験や専門性を考えたうえで、アウトソーシング可能な業務を抽出し、これを専門業者や専門性の高いボランティアに任す環境を整備することで、行政が取り組むべき災害対応業務を減らしておくことも重要だ。

さらに、自治体間の相互支援協定の改善も必要である。現在、協定締結自治体間の距離は30キロ以内が最も多い。この状況は災害の空間的な規模と発生頻度を考えれば合理的といえる。しかし、東日本大震災は被災地域が広域であったので、最も多かったのは500～800キロ離れた自治体からの支援であった。このような状況を踏まえ、私は相互支援協定を円滑に機能させるための「お見合いメソッド」を提案している。想定される被害量から相手に求める能力（必要となる支援職員数から決まる相手市町村の数と規模）を、その被害を及ぼすハザードの空間的広がりから相手自治体との適切な距離を決める方法である。

被災地への支援職員の派遣に関しては、意識の改革も重要だ。すなわち、被災地支援は、被災地のためだけではなく、支援する自治体職員の学びの場としても重要だということ。一方で、多くの職員を派遣すると、派遣元自治体の業務が手薄になるので、これを補う元気なOB、OGを活用する仕組みも構築すべきだ。

熊本地震では西原村が成功例になった。東日本大震災時に東松島市に派遣された職員が今回の震災対応で大活躍している。彼らは東松島市の災害対応に従事し、現地とのネットワークも構築した。熊本地震が起きた際、西原村の村長は他部局に異動していた彼らを防災部局に戻し対応させた。東松島市からも応援職員が駆け付け、連携して対応を進めることができた。

我が国全体の防災力を高めるには、過去の教訓の共有と各地で災害が起こった際の被災地支援によって、被災地以外の人々が学ぶことが重要だ。これがうまくできないと、首都直下地震や南海トラフ巨大地震への対応は「ぶっつけ本番」になってしまう。

今後の大規模災害対応に対して

熊本地震では、政府は4月14日の前震の直後に非常災害対策本部を設置して、被災状況の把握や応急対策の総合調整等を直接指揮した。さらに、非常災害対策本部で決めた対策を迅速かつ円滑に実現するために、内閣官房副長官をヘッド、各府省事務次官等を構成員とする被災者生活支援チームを4月17日に設置した。このチームの下に関係局長を構成員とする連絡調整グループが設置され、被災者生活支援チームと合同で関係局長、関係課長が集まる会合が持たれた。

一方被災地には、4月15日に熊本県庁内に副大臣を本部長とする非常災害現地対策本部（現地対策本部）を設置した。機能別の7つのチーム（最大時110名）が組織され、12省庁（警察庁、金融庁、総務省、法務省、外務省、文部科学省、厚生労働省、経済産業省、国土交通省、環境省、防衛省）から職員が派遣された。

各省の局長・審議官級の幹部職員が現地対策本部に派遣され幕僚（K9：ケー・ナイン）を組織し、この下で毎日定例会議を開催した。これによって、迅速な意思決定、省庁横断的支援、県幹部との直接協議等を実践した点は高く評価される。また被災自治体の状況・ニーズを国が直接把握するために、被災市町村に国の職員をリエゾンとして早期派遣した。この派遣

図1：熊本地震と他の地震の被害規模の比較

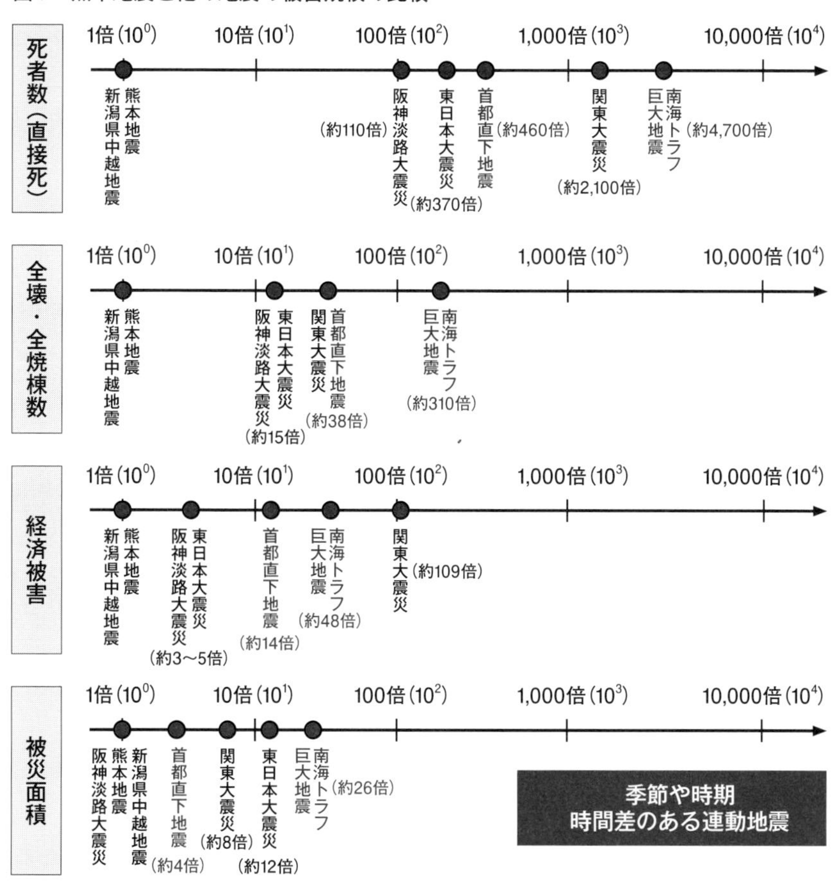

によって、被災市町村の要望等が直接国に伝達できるようになるとともに、被災地の状況を現地対策本部に報告することができた。

以上のような政府の対応と4章までに述べた課題を総括して、最後に今後の巨大災害対応に対しての課題を述べる。

最大の課題は、首都直下地震や南海トラフの巨大地震を対象として、効率的な災害対応を実現する方法が、熊本地震災害への一連の対応のレヴューからは得られないと言うことである。

図1に示すように、熊本地震の被害の規模は、過去の大災害や、今後想定されている首都直下地震や南海トラフの巨大地震と比較するとはるかに小さい。首都直下地震や南海トラフとの比較では、死者数（直接死）で数百倍から数千倍、全壊・全焼建物数で数十倍から数百倍、経済被害（直接被害）で数十倍、被災面積で数倍から数十倍の規模である。現地対策本部の設置と運用を考えると、熊本地震時と同様な方法による対応は全く不可能である。さまざまな制約を考慮したうえで、具体的な対応法を至急に考えないと、手遅れになってしまう。また、その検討においては、季節や発災時刻の影響、南海トラフ地震であれば、時間差を持った連動地震のケースも考慮する必要がある。

【参考文献】
1）田中淳「住民調査に見る連続地震と人的被害並びに家屋の倒壊」『特集：熊本地震』CIDIRニュースレター、第32号（2016.06.01）

［第5章］
東北地方太平洋沖地震の直後に感じたこと

東北地方太平洋沖地震と東日本大震災

2011年3月11日午後2時46分、東北地方太平洋沖地震が発生したとき、私は東大の本郷キャンパスの総合図書館に隣接する情報学環の建物の7階にいた。当時から私は、駒場リサーチキャンパスにある生産技術研究所の都市基盤安全工学国際研究センター（ICUS）のセンター長をしており、活動拠点としての研究室は駒場にあった。しかし2010年度より、本郷キャンパスにある大学院情報学環総合防災情報研究センター（CIDIR）の教授もしているので、情報学環にも小さな居室がある。

同日の午後は、本郷で大変お世話になった先生の最終講義があったことから、情報学環の7階の居室で、駒場の自分の研究室のPCにリモートアクセスして仕事をしていた。3時から始まる講義に出席するために、そろそろ出かけようとしていたタイミングが午後2時46分であった。

上記が東日本大震災の発生直前の私の状況である。この直後に、我が国の観測史上最大の東北地方太平洋沖地震が発生し、東日本を中心に我が国の広い範囲に甚大な被害を及ぼすことになる。東日本大震災である。この震災の直後から、さまざまなことを考え活動したが、これらの中には、首都直下地震対策を考えるうえでも重要と思われる点がある。本章ではそれらを紹介したい。

緊急地震速報の発報と当日の行動

2007年10月1日から、日本気象庁による緊急地震速報（EEW: Earthquake

Early Warning）の利用が開始された。EEWは高密度配置された高精度地震計によって観測される地震動と、初期微動（P波）と主要動（S波）の伝播速度の差を利用して、距離の離れた地震の場合に、観測地点に主要動が到達する前に、地震情報を提供し、被害を軽減しようとする仕組みである。震源位置とマグニチュードの算出に約4秒かかるので、現状では観測点を中心として条件が良くても30キロメートル以内で発生した地震では主要動の到達前にEEW情報を伝達することはできない。私はこのサービスの開始に際して立ち上がった幾つかの委員会の委員をしていた関係もあり、一般にサービスが開始される前から駒場の私の研究室のPCには高度利用の緊急地震速報システムをインストールし、稼働状況を確認していた。

EEWシステムには、一般向けサービスと高度利用者向けサービスがある。前者では特別な手続きなしに、携帯電話やスマートフォン、テレビやラジオなどを介して、緊急地震速報が配信される。我が国を約200のエリアに分け、1つのエリアでも震度5弱以上の揺れが予想される場合に、震度4以上の揺れが予想されるエリアに情報を配信するものである。この時に、情報が配信される単位としてのエリアが大きいので、エリア内で揺れの強さや到達時間に差が出るので、予想される震度情報や到達時間などは配信されない。一方、後者の高度利用サービスでは、利用者用のデバイスを入手してもらうことで利用者の位置等の特定が可能となり、震度情報や到達時間の情報も配信される。このシステムを有していた私は、東北地方太平洋沖地震の強い揺れが到達する60秒以上前に、宮城県沖で大きな地震が起こったことを知ることができた。利用していたPCの画面に写真1のようなEEWの情報が配信された。同地域では2日前にもM7.3の地震が起こっていたので、最初はその余震かと思った。しかしPC画面に映し出される地震動の到達範囲の広がりとともにマグニチュードがどんどん大きくなるので、「ついに宮城県沖地震が起こった」と思った。輻輳する前に連絡しようと思い、家族に電話しながら身の安全を確保していると、EEWシステムのカウントダウンとともに激しい揺れが襲ってきた。

「揺れが強い。しかも継続時間が長い。ただ事じゃない。」カウントダ

写真1：私のPCの画面に表示されたEEWシステムの映像（時間の経過とともに地震動が伝播してくる様子が分かる。下図は4つの時間での映像を組み合わせたもの）

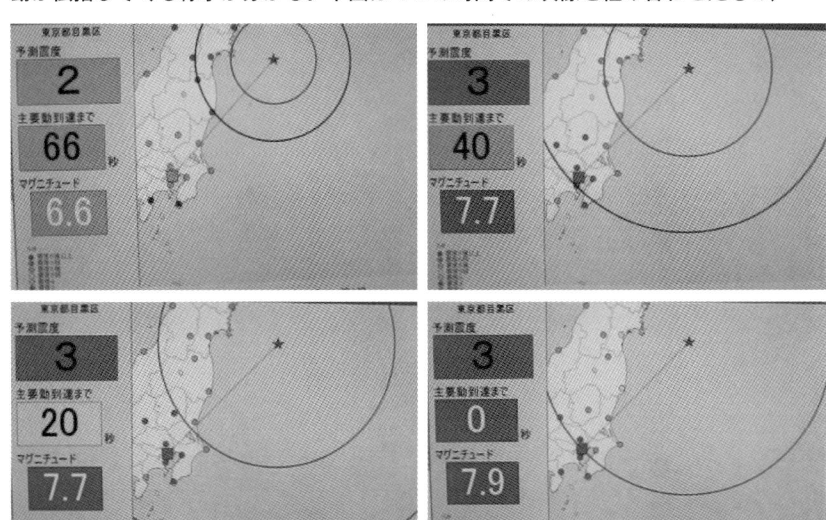

ウンが終わった時点でEEWシステムが示したマグニチュード（M）は7.9（この値が後に津波警報の過小評価問題を生む）であった。激しい揺れが収まった後に、同じ建物の10階のCIDIRの部屋に行くと、資料室をはじめ、あたり一面落下物で、CIDIRの他のメンバーや打ち合わせで偶然CIDIRに居合わせた気象庁の方々が、これからどうしょうかと話していた。私はCIDIRの若手研究者とすぐに情報学環の各研究室を回った。4つほどの研究室で、内側からの転倒物が出口を塞ぎ、ドアが開けられなくなっていた。一通り確認した後は、CIDIRでテレビ報道を見ながら、CIDIRの若手研究者と今後の対処や活動について話した。

その後、東京大学全体の災害対策本部に詰めて、学内からあがってくる情報やテレビの情報を見ながら、今後の予測と対応策などを検討した。その中で印象に残っていることに、テレビニュースの地震直後の死者・行方不明者数の扱いがあった。当初テレビは、死者数を100人、200人という規模で報道していた。不確定な情報ではなく、確定情報の報道を基本としてのものであったと思うが、これは危機管理上は問題だ。広域の被災地を襲う津波の映像を見れば、「誠に残念だが、1万人を優に超える犠牲者が出る大災害である」と言わないと、少なくとも専門家の口を使ってそう伝えないと、視聴者や災害対応者をミスリードしてしまう。

地震当日の夜は、キャンパス内を見回ったり、対策本部とCIDIRの間を行き来しで過ごし、翌日の午後に、再開した電車でいったん帰宅し、スーツケースに10日分ほどの着替えを詰めて、すぐに駒場の研究室に戻った。その後はしばらく、研究室に寝泊まりし、家には着替えを取りに帰るだけの状態が続いた。

復興ビジョンと四原則

地震から2日目の3月13日に、私はある知人を介して内閣府国家戦略室に呼ばれた。震災が今後どのように進展するのか、政府はどう対応すべきか、等に関して意見を求められた。

その場では、次頁で後述するようなさまざまな話をした。そして、その3日後の2回目の会合を踏まえ、私は図1に示す復興のビジョンをまとめた。

内容に関して少し解説すると、まずは社会環境や状況が大きく変化していく中で、「将来の繁栄の礎となる創造的復興」を、震災復興の目指すも

図1：復興ビジョンと四原則

震災復興のめざすもの：将来の繁栄の礎となる創造的復興

四原則：

- 被災地域の豊かで安全な生活環境を再興するとともに、日本の将来的課題の解決策を示す復興
- 政府、自治体、企業、NPO/NGO、国民、そして被災地域の人々が連携し、知恵と財源を出し合う協調した復興
- 低環境負荷、持続性、地域産業再興に配慮した復興
- 前提条件の再吟味に基づいた復興

のとして掲げ、その下に四つの原則を記した。それぞれに込めた意味は、1つ目は、今回の被災地は少子高齢人口減少をはじめ、さまざまな課題において日本の平均よりもかなり先行している地域である。ゆえにその復興は、当該地の安全で 豊かな生活環境の復興が第一ではあるが、同時に日本の将来の課題解決につながる復興にすべきであること。また大規模災害は、その災害のあるなしに関わらず、その地域が現在、そして将来的に直面するさまざまな問題を、時間を短縮してより甚だしく顕在化させる特徴がある。ゆえに、起こって欲しくない災害であるが、起こってしまった場合には、それを地域が抱える問題を解決する重要な機会として捉え、問題解決をはかるべきであるということ。つまり課題先取り解決型の復興を目指すべきだということ。2つ目は、通常の災害は被災自治体と被災者、そして国が対応することで回復できるが、今回の震災はその規模ではなく、我が国の全てのステークホルダーが連携して、知恵とお金を出し合って協調する必要がある。これは言うまでもなく被災地支援として大切であるが、同時に、被災していない人々にとっては、実際の災害現場を対象に、防災や災害対応を学ぶ機会として重要であり、被災地支援活動によってオールジャパンの防災力を向上すべきであるということ。前号で熊本地震の教訓を述べた際に紹介した西原村の対応は、これがうまくいった好例言える。3つ目は言葉通り。4つ目は「想定外」に代表される前提を吟味しない態度、前提を無条件に受け入れ、それと異なった状況やそれを上回る状況に関する思考停止の状態が被害を拡大したことへの反省、である。

国家戦略室にて

地震の2日目と5日目に行われた国家戦略室での会合では、さまざまな指摘をした。具体的には、広域かつ甚大な被害を受けた被災地への迅速な対応と復旧・復興のために、1923年関東大震災時の「復興院」や後藤新平の帝都復興計画における4大方針、2008年中国四川地震からの復興時に採用された「対口（たいこう）支援」、災害対策基本法の限界と改正すべき点、大規模災害時の被災者のマインドのリセットの問題、首都直下地震や東海・東南海・南海地震の連動に対しての体制作り、マスコミの対応などの話をした。

本章では、これらの中から、首都直下地震対策においても重要と思われる点をいくつか取り上げて、紹介する。

(1) 対口（たいこう）支援

対口支援は2008年中国四川地震の震災対応において、中国政府が採用した方策である。対口支援とは、被災地を分割し、分割したエリアごとに後方支援を担当する自治体を決め、この自治体が長期にわたって担当地域の復旧・復興に当たるスキームである。「対口支援」の長所は、担当自治体は複数の地域を支援する必要がなく、1つのエリアの支援に集中できること、また復旧・復興支援活動において責任感が生まれやすく、被災地どうしの復旧・復興状況において、よい意味での競争意識が働き、復旧・復興活動の品質向上と時間短縮が実現しやすいこと、さらに実際には被災していない後方支援の自治体が、実際の被災地を現場として、災害対応の実経験を積むことができ、この経験が将来の災害対応と防災対策において、大きな意味を持つことである。

(2) 被災者のマインドのリセット

日本では、自然災害で行方不明者が出た場合、最後の1人が発見されるまで捜索を続けるのが基本である。しかし、東日本大震災では、津波で大勢の犠牲者が海に流されているので、千人単位で発見されない可能性が高い。このようなケースでは、被災者のマインドのリセットが非常に重要になる。自分よりも生きる価値の高い人が亡くなって自分が生き残ったと思い悩む「サバイバーズギルト」のケアや遺族の心のケア（グリーフケア）と呼ばれるものである。海外の災害現場でも、大勢の犠牲者が発生した災害では、1週間から10日ほどは一生懸命捜索する。しかし、それでも見つからない時は、地域で尊敬されている人（多くは宗教者）が、生き残った被災者を集めて、「今日まで、行方不明の人たちの捜索をしていただいたことに深く感謝します。神様も皆さんに感謝されています。」と、まず謝意を示します。次に「行方不明になった人々を一生懸命探しましたが、これまでの捜索で見つからない人は全て、神様が天国に召されましたので安心してください。今日まで、行方不明の人々に注いでいたエネルギーは、これからは被災地の復興のために、生き残った皆さんや子孫のために注ぎましょう」と言って、被災者のマインドのリセットを行う。これをしないと、発見されてない犠牲者への思いを引きずって、復旧や復興に対して積極的にとりくむことができない。これは、被災地の復旧や復興にとって非常に重要な意味を持つ。

しかし当時私は、この重要性には気づいていたが、我が国で誰がこれをできるのかについては、思い至らなかった。その後、被災地には、専門家や政治家、芸能人やスポーツ選手などが支援や慰問に入ってさまざまな活動を展開した。被災者とのやり取りや被災者の対応を見て、後付けではあるが、これができる人は天皇陛下と皇后陛下なのではないかと感じた。

多くの死者が想定されている首都直下地震や南海トラフの巨大地震においても、被災者のマインドのリセットは重要な課題である。被災地のより良い復興（Build Back Better）のために、この問題への対処法を今から検討しておく必要がある。

⑶ 帰宅困難者問題

東日本大震災では、地震の発生時刻が金曜日の午後2時46分で会ったこともあり、多くの帰宅困難者が発生した。マスコミは彼らを帰宅難民と呼ぶことも多いが、これは慎むべきだ。「難民」とは、政治的な理由をはじめとして、天災、病気、紛争などから逃れるために住む場所を追われた人びとであり、保護の対象になるものだ。帰宅困難者は全く意味が違う。帰宅しようとするから困難な状況に直面する人たちだ。

東日本大震災時の首都圏では、大きな延焼火災も大規模な停電も発生していない。建物被害も軽微であったし、構造的な被害や周辺建物の倒壊などで通行が不能になった道路もなかった。それでも帰宅しようとした大勢の人々が困難な状況に直面した。首都直下地震発生時の状況は全く違う。現在予想されている600～700万人もの帰宅困難者は、自宅までの距離が

20キロメートル以上ある人たちである。震災発生直後、街に多数の危険な被災建物が存在し、延焼火災が発生している中、あちこちで寸断されている道路を使って、夜間になれば停電で真っ暗な中、長距離を歩いて帰宅する危険性を十分理解していただきたい。通信の輻輳で連絡も取りのにくく、家族も心配するであろう。家族や大切な人の安全や安否さえ確認できれば、あえて危険な中を帰宅するのではなく、都心に留まって被災状況の改善に貢献するほうがずっと建設的である。ところが彼らを帰宅難民と呼んだ瞬間に、周囲からの保護や支援がないと自立できない存在という印象を与えてしまう。

600～700万人もの人をまとめてケアすることは無理だ。帰宅困難者を帰宅難民と呼ぶのは止め、「被災地内人材」と捕らえた対策を講じるべきである。そうすれば、保護や支援の対象だった人びとが、逆に被害を軽減する役割を持って貢献してくれる。これを実現するうえでも災害時の安否確認のシステを充実させることが重要である。

(4) 継続的・総合的な被災地支援のために

私は気づいたことがあると野帳にメモをとるが、「継続的・総合的な被災地支援を可能になるために」というタイトルで、メモしていた内容が図2に示すものである。発災後数日の時点で情報のない中でのメモなので、今になってみれば多少おかしな点もあるし、今後不適切になる部分もあるかもしれないが少し紹介する。

大規模災害が発生すると被災国のみならず、諸外国もその災害に注目する。その際に、被災国の国際的な信用を維持するための財政措置や経済活動を停滞させないことも重要な災害対応である。これは被災地をさまざまな方法で継続的に支援するうえでも重要だ。我が国では災害後は被災地への遠慮から、自己規制をかけて、さまざまな式典やイベントを取りやめたり、コマーシャルを自粛したりすることが多いが、これは本当に被災地のためになっているだろうか。イベントを通常通り実施したうえで、関係者に被災地支援をお願いし、義捐金などの形でそれを被災地へ届ける方がよいのではなかろうか。コマーシャルであれば、「我が社はこの商品の売り

図2：東日本大震災直後の野帳のメモ

◆継続的・総合的な被災地支援を可能にするために

- 災害対策基本法の課題解決（対口支援、復興院）
- マスコミ（災害報道のあり方、コマーシャルの取り扱い、○○キャンペーンで復興支援）
- 風評被害（自粛はダメ、被災地の作物・製品を積極的に買う運動、……）
- 希望・生きがいを提供するには
- 経済活動を停滞させない、海外が見る日本の姿（円、ストックマーケット）
- 電力不足への対処法（積分値とピークカットの問題、電力税、値上げ、メリハリをつけたプライシング）
- 適切な復旧・復興とは？（迅速な復旧・復興は大切であるが、行き過ぎは問題）
- 復興債（＋国際的な信用維持のための増税）、特区（減税、企業誘致）、……
- 射線危険地域の有効活用は（原子力以外の発電基地、ソーラー、風力、バイオマス：人が口にしない植物をつくる農業の充実）

→継続的に金をつくる仕組みなしでは、被災地支援はできない

上げの○○％を被災地支援に使います」と説明したうえで、通常通りのコマーシャルを継続すればよい。被災地内の観光地などへの旅行を控えることも多いが、これも被災地にとっては収入減でありありがたくない。積極的に被災地を訪れたり、被災地の作物や商品を購入する運動などを行い、風評被害を未然に防ぐことが重要である。マスコミも現象先取り防災行動誘導型の報道に心掛けるとともに、被災者に希望や生きがいを与える番組編成を考えて欲しいものだ。

［第6章］

Tokyo Inland Megaquake

首都直下地震対策への関東大震災からの教訓

大正関東地震と被害概要

1923（大正12）年9月1日の午前11時58分32秒、相模トラフ（図1）を震源とするM8クラスの地震が発生した。関東大震災を引き起こした大正関東地震である。このエリアでは、過去に200～400年に1度M8クラスの地震が起こるとともに、その間に数回のM7クラスの地震が発生している。大正関東地震の前のM8の地震としては、1703年元禄関東地震と1293年永仁関東地震が知られている。1703～1923年の間には、1782年天明小田原地震（M7.0）、1855年安政江戸地震（M6.9）、1894年明治東京地震（M7.0）などが発生している。1923年以降では、1930年北伊豆地震（M7.3）、1953年房総沖地震（M7.4）、1974年伊豆半島沖地震（M6.9）などである。

過去の履歴を踏まえると、1923年からはまだ100年であるので、「次のM8クラスの地震は100年以上後であろう」というのが地震学者たちの一般的な見解である。しかし、M7クラスの地震はいつ起こってもおかしくない。これが、現在発生が危惧されている「首都直下地震」である。

関東大震災では、全潰（倒壊や崩壊の意味）建物が10万9,700余棟、全焼が21万2千余棟に達した。死者・行方不明者は約10万5千余人、その87.1％（約9万2千人）が焼死者であった。死者・行方不明者は東京府（66.8％）と神奈川県（31.2％）に集中し、合わせて98％に上った。東京での焼死者の多さから関東大震災は東京における延焼火災を中心として報じられることが多い。しかし、図1からもわかるように、激しい地震動が広域を襲い、神奈川県を中心に、建物の倒壊の他、液状化による地盤沈下、崖崩れや地滑り、沿岸部では津波（静岡県熱海で12m。千葉県館山

図1：諸井・武村らによる木造住家の全潰率と震度分布[1)]

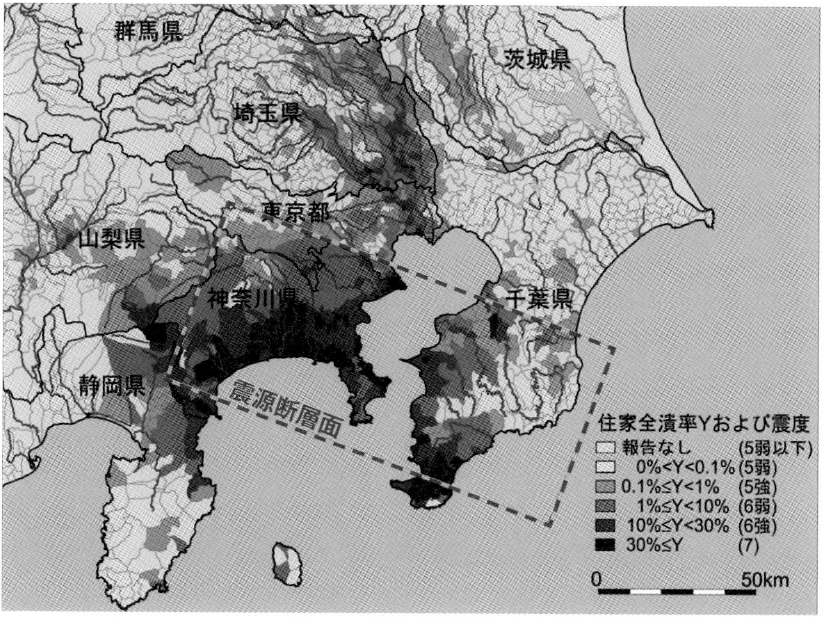

※破線は推定震源断層の地表への投影

市で9.3m、神奈川県鎌倉由比ヶ浜で9m、洲崎で8m、逗子、鎌倉、藤沢の沿岸で5～7m、三浦で6mなど）による被害が発生した。結果として、建物被害による死者・行方不明者は1万1千余人に上り、これは阪神・淡路大震災の建物被害の犠牲者の2倍を超える。さらに津波や土砂災害による死者・行方不明者も1千人を超えている。

大正関東地震と首都直下地震は規模や特性はかなり異なるが、災害の特性や対応からは学ぶべき教訓も少なくない。そこで、本章では、首都直下地震の対策を考えるうえで重要となる関東大震災から学ぶべき教訓について述べることとする。

関東大震災と首都直下地震の経済被害と復興

関東大震災の被害額にはさまざまな推定があるが、その額はおおむね

45～65億円である。これは、当時の我が国の名目GNP（約152億円）の30.2～43.6％、一般会計歳出（約15億円、軍事費約5億円を含む）の約3～4.3倍に相当する。単純比較は難しいが、現在（2016年度）の一般会計歳出が約100兆円、名目GNIが約508兆円であることを考えれば、関東大震災のインパクトは現在の我が国にとっては、150～430兆円相当であったと言える。

中央防災会議が試算する最悪ケースの総被害額は、首都直下地震（M7.3）で約95兆円、南海トラフ沿いの巨大地震（M9）で約220兆円であるが、これらと比べても関東大震災の影響が如何に大きかったかがうかがえる。しかしその一方で、表1に示すように、当時と現在の首都圏における人口や財産、各種の機能の集積度の増加を考えると、マグニチュードに大きな差があるとはいえ、首都直下地震の被害規模が中央防災会議の想定通りで収まるのかについては不安が残る。

表1：大正関東地震直前と現在の首都圏人口の変化

	1922年 （大正11年）	2015年 （平成27年）	増加率 （倍）
全国	57,390,100	127,094,745	2.2
東京都（府）	3,984,200	13,515,271	3.4
神奈川県	1,380,800	9,126,214	6.6
埼玉県	1,341,100	7,266,534	5.4
千葉県	1,354,300	6,222,666	4.6
首都圏（4府県合計）	8,060,400	36,130,685	4.5

関東大震災の未曾有の被害からの復興計画の立案に当たっては、地震翌日の9月2日に発足した第2次山本内閣で内務大臣を勤めた後藤新平が中心的に関わった。地震翌日から構想を練り、まず「帝都復興根本策」をまとめた。その中では、「1）遷都はしない、2）復興費に30億円をかけ

る、3）欧米の最新の都市計画を採用して我が国に相応する新都をつくる、4）新都市計画実施のために地主に対して断固とした態度をとる」と述べている。

その後、上記の考えをベースに、9月7日に復興計画の第一案（復興費約41億円）がまとめられた。この案はさすがに経費がかかり過ぎるということで、さらなる検討の結果、9月9日までに、30億円、20億円、15億円、10億円の4案がつくられた。後藤は9月27日に発足した帝都復興院の総裁となり、「帝都復興計画」を精査し、地下埋設や高速鉄道を削除した13億円案（5か年継続事業）をまとめ、これを閣議に諮り了解を得た。

後藤は、これら一連の計画では、抜本的な都市改造という意味で、「復旧（元に戻す）ではなく復興（よりよい街を建設する）である」を打ち出した。また最新の計画を採用すると言っているが、これらは大規模災害後の復興では、非常に重要なポイントである。前章でも述べたように、大規模災害はその災害のあるなしに関わらず、被災地が潜在的に抱えている課題を、より甚だしく、時間を短縮して顕在化させる。ゆえに、元通りにしたところで問題解決にはならない。起こって欲しくはない災害だが、起こってしまった場合には、その機会を有効活用して、被災地の課題を解決し、より良い復興（Build Back Better）を目指すべきだ。また、有事の対応を平時の対応の延長上に考えてはいけない。有事においてもやってはいけないことを定め、それ以外は何でも行って対応することが重要だ。現行の制度を無理矢理活用して何ができるかを考えるのでは、抜本的な問題解決ができないし、非効率になる。さらに既存制度が設立された時代と社会状況が異なる場合ではより大きな問題を生む。東日本大震災の復興活動を見るにつけ、この重要性が身にしみる。

ところで、関東大震災の復興財源は、国債・外債の発行、大蔵省預金部の資金を活用した公的金融の拡充等によった。また被災者救済としては、租税の減免や徴収猶予が行われた。被災企業向けの金融策としては震災手形の日銀による再割引などの対応がとられたが、これらは震災とは無関係に経営不振であった企業や融資銀行の整理を先送りし、その後の金融恐慌や昭和恐慌へつながった[2)]。同様な問題は首都直下地震の復興時においても起こりうるので、十分注意する必要がある。

震災直後から、復興に関わった後藤だが、1923年12月の「虎ノ門事件」を受け、第2次山本内閣は12月29日に総辞職する。翌1924年1月7日に清浦内閣が成立し、内務大臣・帝都復興院総裁は水野錬太郎が就いた。これによって後藤は復興に直接かかわることはなくなったが、その後も後藤と一緒に復興案を練ったメンバーが、後藤の精神を引き継ぎ復興を推し進めた。

地震火災の出火の原因とその変化

地震を原因とする火災を地震火災（震後火災）というが、関東大震災では、現在の東京23区の中心部にあたる旧東京市で直後から同時多発的に地震火災が発生した。そして、これらの中の一部が延焼火災となって40時間以上街を焼き，最終的には旧東京市の約43%が焼失した。

初期出火率と対象地域の建物全壊率との間には、図2や図3に示すように強い正の相関がある。しかし、建物の全壊率と地震動にも強い正の相関があるので、初期出火率は建物の被災度に関係しているのではなく、強い

図2：全壊率と初期出火率の関係（阪神・淡路大震災の事例、発災時刻は午前5:46）

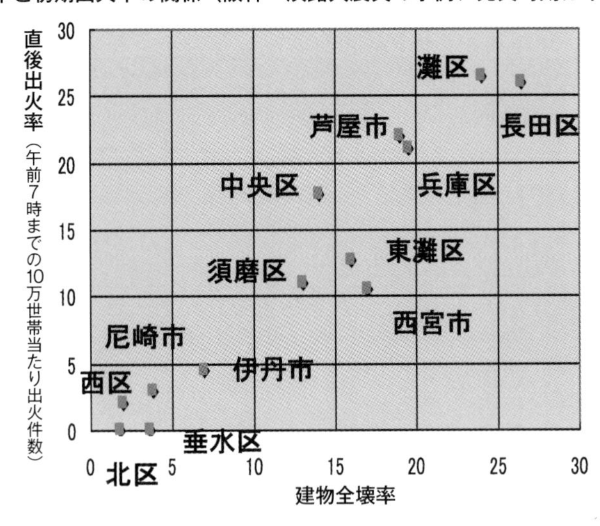

図3：震度別の出火状況

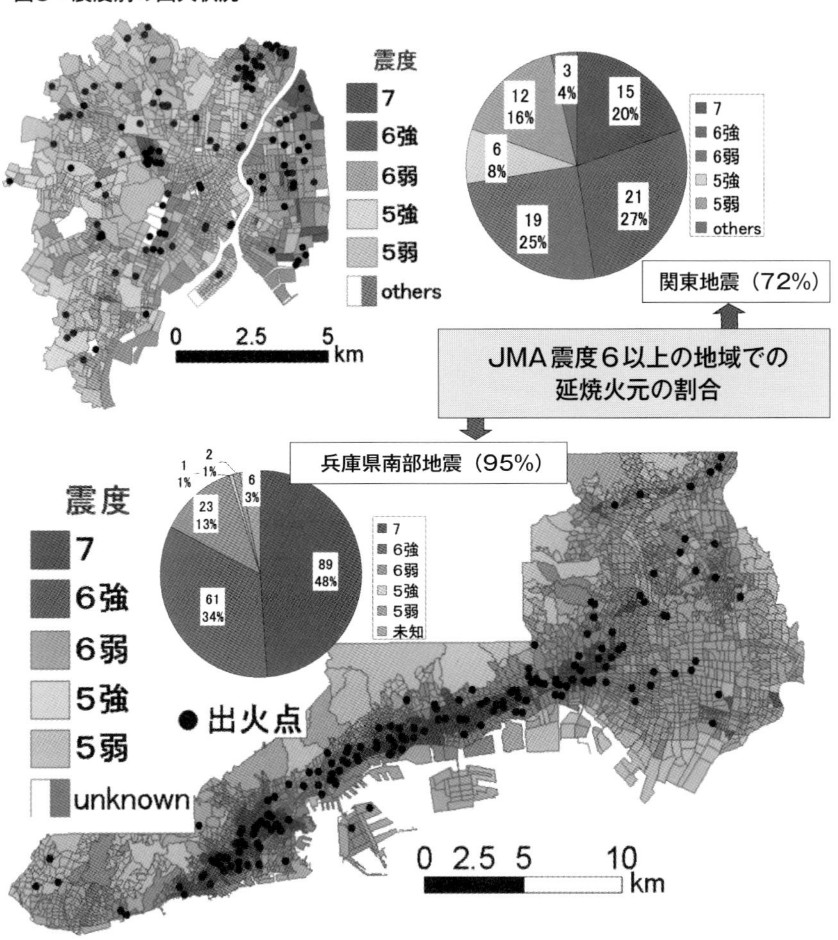

地震動によって初期出火しやすい状況が発生するとの意見もある。また建物が全壊（特に倒壊）すると、むしろ延焼速度は遅くなるので、全壊率が低い地域での出火の方が延焼に及ぼす影響が大きいとの指摘もある。

関東大震災の時代と近年の地震火災の発生メカニズムは異なっている。裸火（直火）を多用していた時代は、火のついた火器（七輪やストーブなど）が揺れで倒れて出火したり、これらの火器（釜戸を含め）の上に、被災建物をはじめとする可燃物が落下して引火するケースが多かった。しかし近年では、ガスコンロや石油ストーブなどを除くと、裸火の利用が格段に減ったうえに、これらの器具も都市ガスのマイコンメータをはじめとして、あるレベル以上の震動で自動消火するシステムが装備されている。また転倒の危険性のある火器の多くも、転倒前に自動的にスイッチが切れるなど、揺れによる出火防止対策はかなり改善されてきた。

一方で、阪神・淡路大震災を代表とする近年の地震災害では、地震直後に発生した停電がその後に復電される際に出火原因となった火災が多発した。このような火災を「通電火災」と呼ぶが、漏れたガスへの引火や水槽が壊れて露出した状態の熱帯魚用の水槽の電気ヒーター、家屋の被害や家具の転倒などで生じた屋内配線の破断や損傷、局所的に大きな荷重が作用した状態の配線への通電が引き起こしたショートや発熱が原因となったのである。

地震火災の効率的な初期消火のために

延焼火災は、出火原因が何であれ、出火した火元に対して適切な消火活動が実施されない場合に起こる。地震火災は同時多発なので、公的消防の対応力をはるかに超える。しかし、小規模な火災から始まるので、市民による自主消火が効果的だ。ところが、この市民による初期消火が建物の揺れ被害で困難になる。阪神・淡路大震災では5つの理由からうまくいかなかったが、そのうちの4つは被災建物の問題であった。

1つ目は初期消火の担い手である市民が被災家屋の下敷きになり対応できなかった。2つ目は初期消火可能な市民が下敷きになった人々のレスキューを優先し、初期消火が後回しになった。3つ目は壊れた建物の下や中からの出火では、素人による消火は困難なこと。4つ目は倒壊家屋による道路閉塞により市民も消防士も火災現場に到達できなかった。5つ目は地震後の同時多発の火災も平時の火災と同様に考え、消防士が駆けつけてきてくれると思い、初期消火のタイミングを逃した。

このように、地震火災の効果的な初期消火は建物の耐震性の確保がキーとなる。図4と図5は、関東大震災時の地震火災に関して、私の研究グループが調査した結果である。ここでの震度は、武村らが木造建物の全壊率から評価したものだ[2)]。図4を見れば、全壊率の低い地域では、出火しても即時に消し止めることが可能なことがわかる。一方、図5を見れば、倒壊家屋が多く発生している地域（震度の大きな地域）でも、火元家屋が

図4：震度別の出火・延焼状況（関東大震災時の震度は武村らによるもの）

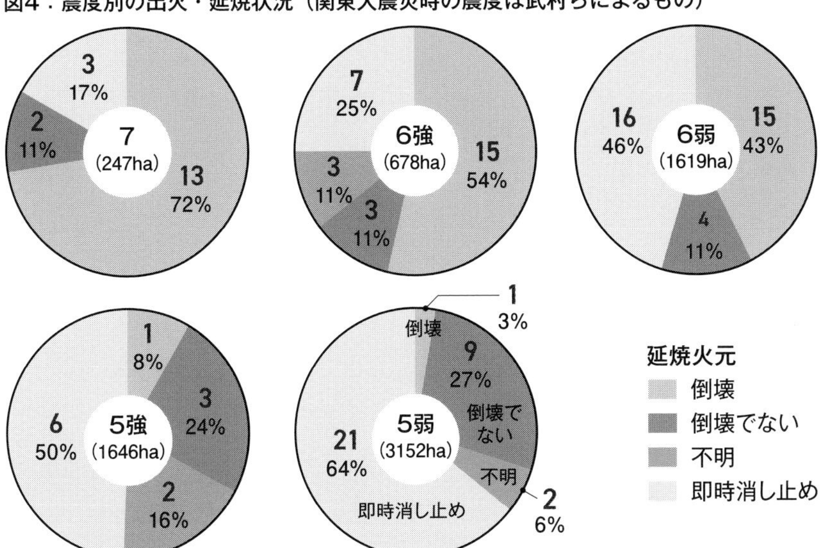

図5：延焼を引き起こした火元と建物被害の関係

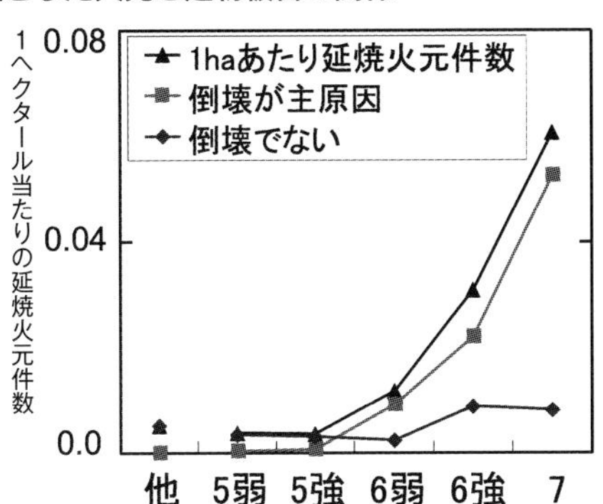

倒壊していないと、多くが消し止められていることが分かる。初期出火した火災に対する消火活動は揺れの最中に行うわけではない。ゆえに、対象地域の震度が問題なのではなく、被災程度が重要なことがわかる。またこの状況は、直火を多用していた関東大震災時にのみに特有なわけではない。図6を見れば、現在でも同様なことがわかる。

図6：震度別の延焼火元件数（関東大震災時の震度は武村らによる）

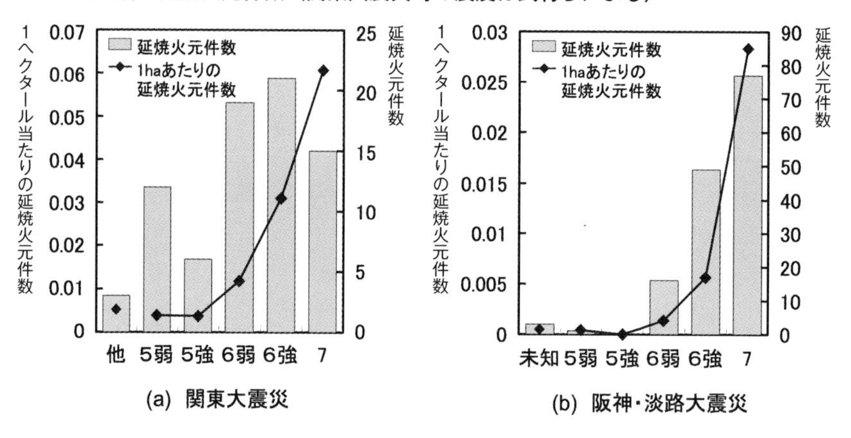

首都直下地震対策に向けて

本章では、首都直下地震対策の参考となる関東大震災の教訓を、被害や復興における課題、犠牲者の原因となった延焼火災の原因などから述べた。最後に、本文で触れることのできなかった点に関して補足する。

まず1点目は、後藤が「帝都復興計画」を地震の直後に提示できた理由である。彼は地震の前（1920年12月～23年4月）に東京市長（今の東京都知事）をつとめ、その間に我が国の首都東京が欧米列強国の首都に比べて貧層であることから、この改善のため、当時の最高の専門家たちを集めて、「東京市政刷新要綱（帝都東京の改善計画）」を作っていた。この計画に大震災の被害情報を加えて、「帝都復興計画」をつくったのだ。事前に検討しておくことの重要性を物語っている。

もう1点は、土砂災害による犠牲者増大の危険性だ。表1でも示したように、関東大震災以降の首都圏人口の増加は甚だしい。またこれらの人口の多くは、丘陵地の切り盛り、湖沼や海の埋立てなどで住宅地化した地域に住んでいる。東日本大震災で、埋立地の液状化の問題は認識されたが、首都圏では短周期の地震動が強くなかったので崖崩れなどの土砂災害は発生せず、この重要性の認識は低い。一方、関東大震災時には、強震動により各地で崖崩れや地滑りなどの土砂災害が起こったが、幸いにして被災地の人口が少なかったので犠牲者数は相対的に少なくて済んだ。しかし現在は、横浜市や川崎市をはじめ、首都圏には丘陵地を宅地化した地域が多く存在し多数の人々が住んでいるが、これらの地域は強震動を受けた経験がない。現在では、多くの急斜面の表面はモルタル等で被覆されているが、以前は自然斜面であった。自然斜面の場合は、少し強い雨が降ると斜面の表面の土砂が流され、周辺の人々はその危険性に気づくことができたし、近傍に住む人々の数の増加を抑止した。しかしモルタル被覆等をすると、雨によって土砂が流れ出すことはなくなり、人々の斜面地に対する危険性の認識は薄れ、周辺に住む人々も急増した。モルタル被覆の強度は強震動に対して十分とは言えない。「土砂災害の危険性の高い地域に移り住んだ人々が大量に被災する」可能性が高く、この対策は急務である。

【参考文献】

1）諸井孝文、武村雅之「関東地震（1923年9月1日）による木造住家被害データの整理と震度分布の推定」日本地震工学会論文集第2巻第3号、35-71頁、2002年。
2）深澤映司「関東大震災発生後における政策的対応―財政・金融面の措置と日本経済への中長期的影響―」、国立国会図書館 ISSUE BRIEF NUMBER 709（2011年4月28日）。

[第7章]

Tokyo Inland Megaquake

ライフラインの供給停止と災害時の生活継続

ライフライン被害と今後の対策の基本

電力・上下水道・ガス・交通・通信など、人々の日常生活になくてはならない施設を「ライフライン」と呼ぶが、これらは被災地の人々の生活にとって重要であるにもかかわらず、地震で機能障害を起こしやすい。東日本大震災（2011年東北地方太平洋沖地震）や阪神・淡路大震災（1995年兵庫県南部地震）では、電力で数日～1週間、通信で1～2週間、水道や都市ガスでは数ヶ月間にわたって供給が停止している。

従来、ライフラインの災害対策は、主としてライフラインのサービスを供給する側に依存していた。しかし、このアプローチだけでは大規模災害への対応は難しい。どんなシステムでも、信頼性が低いところからある水準までは、経済的に向上させることが可能だが、すでに高い信頼性をさらに高くしようとすると、掛けた予算の割に信頼性は上がらない。世界のトップクラスの信頼性を誇る我が国のライフラインに対して、災害時にも平時と同じサービスを求めることは、技術的に困難なだけでなく、非常に高い経費をユーザーである市民が料金として払わなくてはいけないことを意味している。

今後のライフラインの防災対策は、供給サイドの対策に加えて、需要家（受給者）サイドの対策が重要である。本章では、過去に首都圏の一般家庭を対象に私の研究室で実施した生活用品と食料品の日常備蓄の調査結果に基づいて、需要家が生活者の立場からどのように備えればよいのかについて述べる。

ライフライン被害の特徴

(1) ライフラインが機能障害を起こしやすいわけ

ライフラインの機能障害の問題は、甚大な建物被害が発生するほどの地震災害でなくても発生する点にある。この理由は、ライフライン施設が線的・面的に広がった構造を持ち、その総延長が非常に長いためである。特にシステムが直列系であれば、図1で詳しく説明するように、どこか1ヶ所の被害によって、システム全体の機能障害が発生するので、被害の発生確率が高くなる。もちろん実際には、このような弱点をなくすために、並列化や多重化などの対策がとられているが、それにしても線的に伸びる施設のどこかに被害が生じることによって、あるエリア内が機能障害を受ける確率は、点として存在する建物に比べてずっと高くなる。これが地震のたびにライフライン障害が発生する大きな理由である。

図1：ライフラインが機能障害を起こしやすいわけ（直列系と並列系の違い）

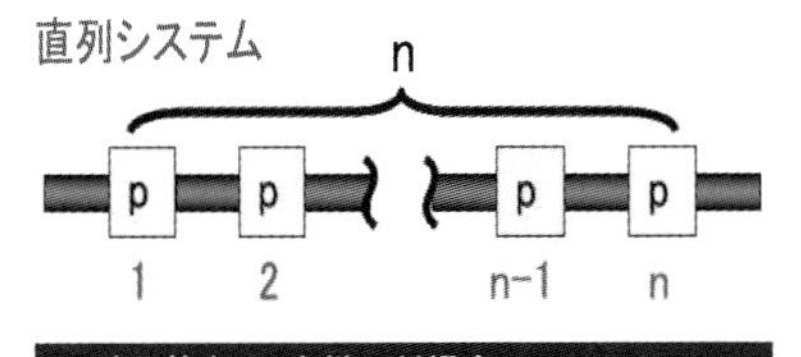

被害は継目(p) で良く起こる(この被害確率を$p=0.01$とする)
1つの継目に問題ない確率は$(1-p)=0.99$ である。
地震後にシステムが健全な条件は全継目に問題がないこと
$(1-p) \times (1-p) \times \cdots \times (1-p) = (1-p)^{250}=0.0811$
ゆえに、問題が発生する確率を1から健全な確率を引いて求めると、
$1-(1-p)^{250}=0.919$ (約92%)と、非常に高い確率になる。

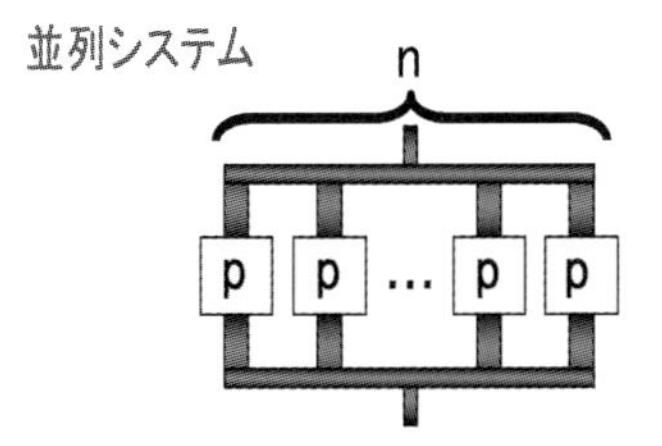

同様に、1つのパイプに問題が発生する確率を$p=0.01=1\times10^{-2}$とすると、地震後にシステムが機能しない条件は、n本の全パイプに同時に問題が発生した場合のみである。ゆえに、問題が発生する確率は、$p \times p \times \cdots \times p = p^n = 1\times10^{-2n}$となる。
この値は、$n=3$で1×10^{-6}(百万分の1)、$n=6$で1×10^{-12}(1兆分の1)となり、問題が発生する確率はけた違いに低くなる。

(2) ライフラインは生命線か？

マスコミをはじめ、ライフラインを「生命線」と呼ぶ人が多いが、これは間違いだ。ライフラインは日常生活を支える「生活線」であり、非常時に生命を救ったり維持したりするものではない。もしそれらが「生命」と

直結するならば、需要家が自前で対策をとるしかない。発作が出たときに、ある薬を飲まないと死しんでしまうような持病を持つ人で、「役所がその薬を用意しているから、自分では携帯しない」という人はいない。組織でも同様だ。防災拠点病院などは、期待される機能維持に不可欠な物資等は、ライフラインの供給停止を前提に、独自に確保している。これは「生命線」だからだ。

ライフラン供給事業者は、これまでずっと新技術の開発や老朽化した施設の補修・補強をはじめとして、さまざまな地震対策を講じてきた。しかし、いかに努力しようが、どんな災害時にも機能損失のないライフライン施設などはありえない。「建前としての万全な体制や安全の保障」などはまったくナンセンスである。ライフラン供給事業者は需要家に正確な情報を提供するとともに、災害時に起こるであろう状況を丁寧に説明し、理解してもらう必要がある。と同時に、供給が停止された場合の有効な対処法に関する情報も提供する必要がある。さもないと、事業者は災害のたびに予期できなかった出来事と言って逃げ腰にならなくてはいけないし、一般の需要家は災害に対する準備を疎かにするばかりか、災害時にまで平常時と同じぜいたくを求めてしまうことになる。これは双方にとって不幸な状況である。

ライフラインの機能障害への対処法

ライフラインが停止して困るのは、電気やガスがコンセントやガス栓から供給されないからではなく、その停止によって求めている機能や目的が達成されなくなるからだ。そこで、電気やガスなどのライフラインサービスが止まった場合に、なぜ困るのかを調査するとともに、それらの機能が他の方法で代替できるか否かを検討した。また同時に、その代替になるものが、一般家庭でどの程度常備されているのかも調査した。そして、これらの量から、ライフライン停止時でも継続できる生活期間を算出した。同様に食べ物についても、日常生活のために一般家庭の冷蔵庫や収納庫などに常備されている食料品や飲料品の品目と量について調査した。次にこれらの結果を紹介する。

(1) ライフラインの機能の代替案

災害時の代替案の相対的な重要性を評価するため、ライフラインによって得ているサービスや最終機能を、①「生活に必要であり、使用頻度が高い」、②「生活に直接必要ではないが、使用頻度が高い」、③「生活に必要だが、使用頻度は低い」、④「生活に必要ではなく、使用頻度も高くない」の4つに分類して表1の代替案を作成した。

代替案の量については、必要となる備蓄量が世帯を単位として決まるものと家族構成に応じて変化するものに分けて検討したが、代替案の多くは家庭で常備しているものであり、これらが地震災害時の生活継続に有効に活用できることがわかる。

調査結果から、ライフラインが停止した際の代替として、照明の代替は100％の家庭で所有しているが、調理用器具の代替は不足していることがわかった。ライフライン停止時の調理可能器具として一番簡単に使えるのは、ガス缶を用いる卓上ガスコンロであるが、この所有率は全世帯の約3分の2。また、ガス缶の備蓄に関しては、3日間以上の料理が可能な量のガス缶を備蓄している世帯は全体の約4割であった。

照明の代替としては、大規模震災時の停電時間として一般的に想定されている1週間程度の停電を対象とすれば、70時間（10時間/日×7日）程度のろうそく、LED用のエネルギーを乾電池や充電器（手回し式やペダル式など)、発電機（ソーラー、風力、EV車など）などによって確保すればよい。調理に関しては、卓上ガスコンロを1、2台と燃料のガス缶を用意する。最も一般的なLPG（液化ブタン）250gのガス缶1本で、強火で70分程度、中火や弱火では100～120分程度は利用できるので、これを1ダース程度常備していれば、4人家族で1週間程度の調理は可能である。

(2) 循環型備蓄のすすめ

ライフラインの停止等を伴う大規模災害時の生活の継続のために、農林水産省は「緊急時に備えた家庭用食料品備蓄ガイド」[1)] で、3～7日程度

表1：イフライン供給停止時の代替案

優先順位	機器・用途	供給	利用目的	代替案
①	照明・イルミネーション	電力	照明	ロウソク、LED ライト
①	電子レンジ	電力	調理・加熱	携帯用卓上ガスコンロ
①	IH コンロ	電力	調理・加熱	携帯用卓上ガスコンロ
①	ガスコンロ	都市ガス	調理・加熱	携帯用卓上ガスコンロ
①	給湯器	電力（ガス）＋水道	湯を沸かす	携帯用卓上ガスコンロ＋保存水
①	飲料水	水道	飲料	保存した水
①	調理用の水	水道	調理	保存した水
①	トイレ	水道	排便	携帯トイレ・ビニルシート
①	冷庫	電力	保冷（日用食料等）	アイスボックス
②	パソコン（デスクトップ）	電力	計算、入力、創作	ノートパソコン（充電必要）
②	個別機器充電	電力	機器の充電	乾電池・発電機
②	ドライヤー	電力	髪乾燥	自然虱
②	アイロン	電力	衣類のしわを伸ばす	伸ばして自然乾燥
②	掃除機	電力	掃除	ほうき、ちりとり
②	インターネット	通信	通信、発信、受信	携帯電話・スマートフォン
②	洗濯機	電力＋水道	洗浄する（依類）	保存水、雨水、水河川
②	一般電話機	電力＋通信	通話	携帯電話（充電乾電池式）
②	携帯電話	電力＋通信	通話	SNS
②	ファックス	電力＋通信	送受信	郵便、宅急便
②	テレビ・ラジオ	電力＋通信	情報入手（見る・聞く）、娯楽	新聞、携帯ラジオ
②	モデム、ルーター	電力＋通信	通信、発信、受信	乾電池式が可能であれば充電
②	風呂	ガス＋水道	入浴	タオルなどで体を拭く
②	食洗器	ガス＋水道	洗浄する（食器類）	保存水、雨水、水河川、海水
③	扇風機	電力	冷房	団扇
③	エアコン	電力	冷暖房	団扇／毛布、使い捨てカイロ
③	電気カーペット、床暖房	電力	暖房	毛布、使い捨てカイロ
③	電気ストーブ	電力	暖房	毛布、使い捨てカイロ、携帯ガスヒーター
③	コタツ	電力	暖房	
③	ファンヒーター	電力＋都市ガス	暖房	毛布、使い捨てカイロ
③	ガスストーブ	電力＋都市ガス	暖房	毛布、使い捨てカイロ
④	電気自動車	電力	移動	自動車（ガソリン）
④	プリンター・コピー機	電力	印刷	発電機から受電して
④	湯沸しポット	電力	お湯を沸かす	携帯用卓上ガスコンロ
④	トースター	電力	パンのトースト	携帯用卓上ガスコンロ
④	空気清浄機	電力	空気清浄	－
④	ヘアーアイロン	電力	髪スタイリング	－
④	衣類乾燥機	電力（都市ガス）	洗濯衣類乾燥	天日干し、除菌消臭スプレー
④	シャワートイレ	電力＋水道	洗浄	携帯用ビデ
④	加湿器	電力＋水道	加湿	－

は自力で対処できる備蓄品の用意を推奨している。しかし、大規模地震災害による緊急事態に備えて備蓄している家庭は、全体の28%でしかない。

一方市民は、安易に「行政が市民のために十分な備蓄をしてくれ」と言うが、その備蓄品を買うお金は市民の税金である。しかも、その備蓄品が防災上、効果的に活用されていない現状がある。「もったいない、無駄にしたくない」という理由から、賞味期限や消費期限の前に市民に配られたりするが、これが防災上効果的な使い方だろうか。

ではどうすればよいのか。1つの結論は、災害時のために備蓄するという発想をやめ、日常生活のため常備している食料品をはじめとする生活用品を精査し、それらを利用して災害時に必要な生活環境を整えるべきだということ。私はこれを「循環型備蓄」と名付けて、その普及につとめているが、この方法では消費期限等で物品が無駄になることもない。

ところで、誰が言い出したのか不明だが、同様の考え方を「ローリングストック（rolling stock）」と呼んでいるケースがあるが、これは意味不明の英語である。「rolling stock」は車両などの意味で、「循環型備蓄」ではないので改めるべきだ。

(3) 家庭で常備している生活用品とその利用法

首都圏を中心とした世帯（家族の構成メンバーは1～6人、平均2.9人）に対し、食料品をはじめとする約160項目の家庭常備品に関して、常備している分量を調査した。さらにそれらの世帯別の常備食料の量から、地震災害時の生活継続可能期間を調査した結果が図2～図4である。

調査結果からは、家族の人数、性別や年齢を考慮したうえで、日常生活用に常備している食料品の量はその家族が平時に必要とする総エネルギーに換算して、3～7日間分の世帯が4割以上、8日間以上の世帯が5割を超える。さらに厚生労働省[2)]が規定する災害時の摂取エネルギー（大人の男女に関しては基礎代謝を許容）に換算すると、3～7日間分の世帯が3割で、8日間以上の世帯が7割に達し、常備の食料品で多くの世帯が1週間程度の生活が可能なことが分かる。栄養素別に見ても、三大栄養素の摂取はおおむね可能である。ただし、ミネラルやビタミンの一部は不足して

図2：常備量の世帯割合（総エネルギー）

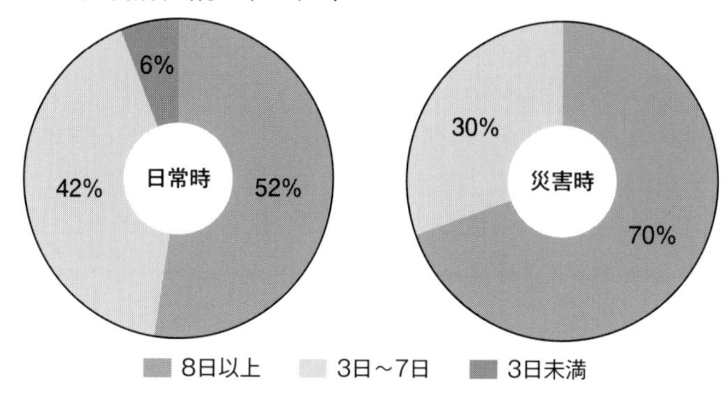

図3：栄養素別常備量の世帯の割合（日常時）

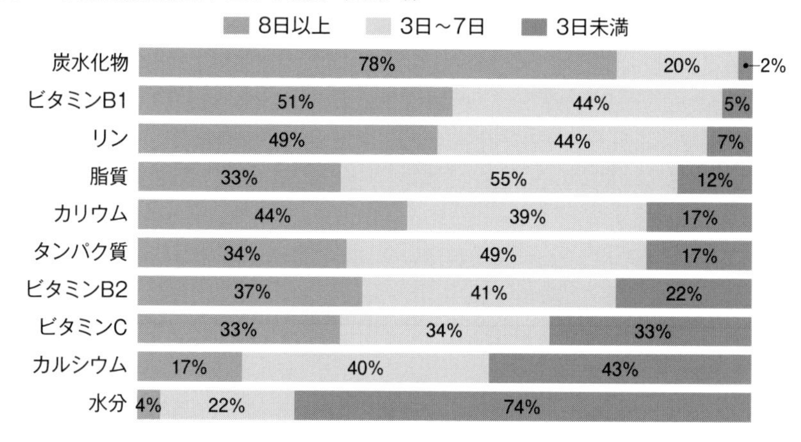

図4：栄養素別常備量の世帯の割合（災害時）

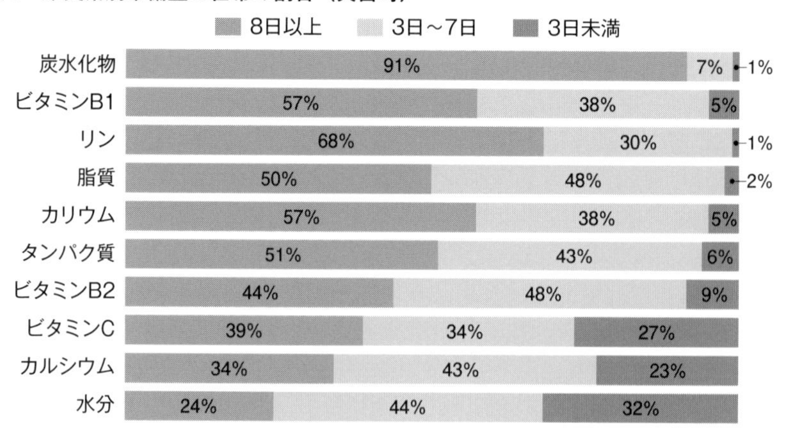

いる。ただ、これらは平時の生活でも不足しているものなので、平時から注意して食事に加えるとか、サプリメントを用意しておくなどの配慮が必要である。また水も不十分なので、応急給水が開始されるまでの約1週間の断水を対象とすれば、飲料水（生活用水とは別に）としては1日1人当たり2〜3リットル（食事から摂取する水分も含めて）を目安に、人数×(2〜3)×7＝(14〜21)×人数（リットル）を確保する必要がある。

次にアンケート調査結果に基づいて、家庭で常備している食料の種類と量に基づいて用意できる料理の献立を検討した。ここでは、家族構成が4人（成人男女各1人、小学生男女各1人）の世帯を対象に、災害直後（他からの支援物資が無い状況を仮定）の1週間程度の生活を考えた。

この献立の作成に際しては、1日当たりの栄養素は、厚生労働省による日本人の食事摂取基準（2015年版）を用いて算出した平常時に成人女性に求められるエネルギーや栄養素を目安とした。これらの値は、厚生労働省が災害時であれば成人男子を含めて、全ての年齢や性別を対象に許容している値を上回っている。また調理に際しては、食品ごとの正味期間を考慮し、痛みやすいものから用いている。すなわち、食材は、①生の肉魚類、②冷蔵食品、③冷凍食品、④野菜、⑤缶詰・乾燥食品の順に利用することで、停電時などでも、より多くの食材が利用可能となる。

図6にこの献立と東日本大震災の発災後約1ヶ月の時点（量的には十分な救援物資が被災地に届けられている状態）に、宮城県内の全避難所を調査した救援物資を用いて用意された食事の総エネルギーといくつかの栄養素（左側の赤い柱状グラフ）[3)]の比較結果を示す。縦軸はそれぞれの栄養素として摂取すべき量を100％として正規化した値である。発災後約1ヶ月の時点で宮城県の避難所で提供されていた1日分の食料は、総エネルギー1,546kcal、たんぱく質44.9g、ビタミンB1、B2、Cがそれぞれ0.72mg、0.82mg、32mgであったが、これらは世帯構成を考えると、平常時はもちろん、災害時に求められる摂取量をも下回っていた。

一方右側のピンクの柱状グラフは、日常生活のために常備している食材から作成した献立による値である。常備品を用いた献立では、他からの支援が無い状態でも、1週間の総エネルギーの平均値が2,125kcal、ビタミン

図6：避難所での供給食料とモデル献立の比較

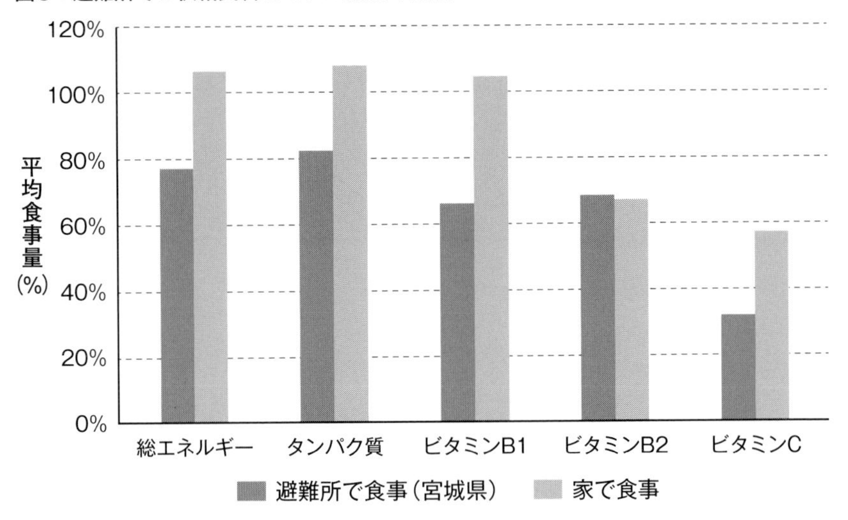

B1とCを除いて、平時に求められる値も満足する摂取量を確保できることが分かる。

以上の結果から、大規模災害時のライフラインの供給障害の問題解決のためには、従来のようにサービス供給者側からのアプローチに加え、需要家（受け手）側である市民の対策が効果的であること、さらに災害時の一般的なライフラインの機能は、一般家庭で日常生活用に常備している生活用品を有効活用することで、十分に代替できる可能性が高いことがわかった。しかし、調理をするための器具や手段に関しては、これを確保していない世帯が約3分の1ほどいるため、意識して常備する必要がある。

災害時の食料に関しては、災害時用の食料を特別に備蓄しなくても、現在多くの家庭では、災害時に求められている3〜7日分、もしくはそれ以上の期間の生活が可能な食料品を日常生活のために常備している。またこれらの常備食品を用いた発災直後1週間の献立を、停電や食品の傷みやすさなどを考慮したうえで考えると、その食事は東日本大震災の発災から約1ヶ月後（支援物資の供給が問題なくなった時点）に宮城県内の避難所で供給されていた食料よりも高い栄養価になることがわかった。

また飲料水に関しては、不十分な世帯が多いので、家族の構成メンバーから算出される量の飲料水を確保しておく必要がある。

今後は備蓄に関する従来の考え方（防災上は有効活用されることが少ない多くの物資を災害のためにだけ備蓄する）を改め、使用期限の問題や災害がなくとも無駄にならない日常生活用品を適切に常備（品目と量）し、これを循環させながら災害対応する「循環型備蓄」へとシフトしていくことが肝要である。

【参考文献】

1）農林水産省「緊急時に備えた家庭用食料品備蓄ガイド」、16頁、(http://www.maff.go.jp/j/zyukyu/anpo/pdf/pdf/gaido-kinkyu.pdf)、平成27年1月10日参照。
2）厚生労働省「日本人の食事摂取基準（2015年版）」、41頁。(http://www.mhlw.go.jp/stf/houdou/0000041733.html)、平成27年1月8日参照.
3）根来方子、岸本満「東日本大震災の被災者に提供された食事について：宮城県石巻氏において吹き出しが実施された避難所と実施されなかった避難所の栄養面での比較」名古屋学芸大学健康・栄養研究所年報、第6号、71-77頁、2014年。

［第8章］

Tokyo Inland Megaquake

災害イマジネーションの重要性と向上策

適切な防災対策の実現に最も重要なこと

地震災害を中心に、世界のさまざまな地域の災害現場を調査をしてきた私が考える適切な防災対策の実現に最も重要なものは、「災害イマジネーション」である。災害イマジネーションとは、災害に直面した際に、自分のいる場所や地域の特徴、季節や天候、発災の曜日や時刻を考慮したうえで、発災からの時間経過にともなって、自分のまわりで起こる出来事を具体的に想像（イメージ）できる能力のことである。

人間は自分が想像できないことに対して、適切に備えたり対応することは絶対にできない。現在の防災上の問題は、社会のさまざまな立場の人々、すなわち、政治家、行政、研究者、エンジニア、マスコミ、そして一般市民が、災害状況を適切にイメージできる能力を養っておらず、この能力の欠如が最適な事前・最中・事後の対策の具体化を阻んでいる点にある。本章では、この「災害イマジネーション」の重要性とその向上法について解説する。

目黒メソッド

私はこれまで、災害イマジネーションの向上策として、いくつかのツールを考案してきたが、そのひとつが「目黒メソッド」である。本来は多様な災害のイマジネーション力の向上のために提案したものだが、ここでは地震災害を例に説明する。

目黒メソッドでは、図1のような表を使う。左の縦軸には、自分の平均

図1：目黒メソッドで用いる表（その1）

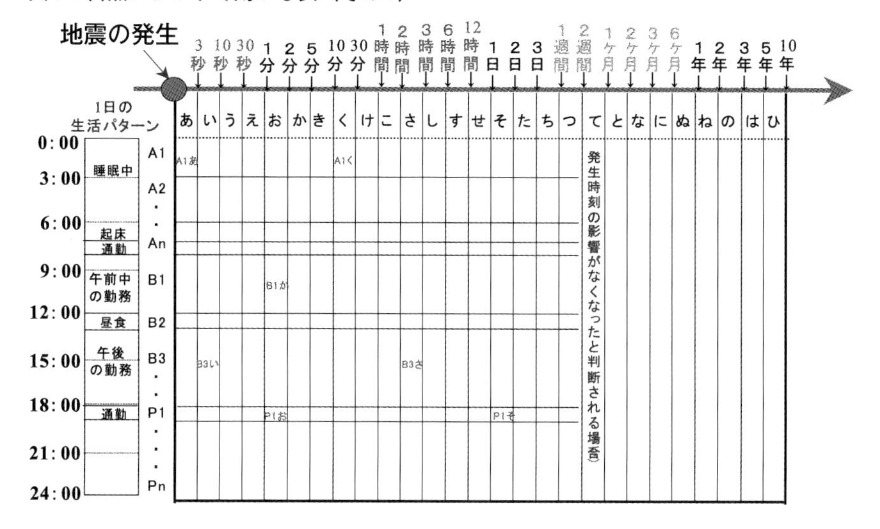

的な1日の時間帯別の行動を記入する。たとえば、「何時に起床して、朝の支度をして、朝食の後、○○を使って駅まで行って、△△線で◆◆分かけて通勤して、午前中、会社では□□の仕事をして、昼食は……、そして何時に床につく」という具合に1日の行動パターンを詳細に記載する。このとき、住んでいる地域や会社周辺の環境、住家や会社の耐震性、立地条件や屋内の家具の構成や配置、転倒防止装置の有無、家族構成や各メンバーの時間帯別の居場所や行動パターンなども考える。

行動パターンの時間帯に、震度6強や7の揺れがあなたを襲ったと仮定する。地震発生からの経過時間を示す横軸に沿って、「3秒後、10秒後、1分後、2分後、……、○時間後、……、○日後、……、○週間後、……、○ヵ月後、……、○年後、……、10年後」まで、それぞれのマス（Aあ、Bあ、………など）に、自分の周辺で起こると考えられる事柄を1つひとつ書き出していく。

何も想像できない人がほとんどだが、適切に書き出せたと思っている人でも、実は全く認識不足なことを書いていることも多い。防災の担当者でも平気でおかしなことを書いてしまう。

ある自治体の防災関係者は、電車での通勤途上で地震に襲われた30秒後の状況として次のような記載をした。「激しい揺れで電車が止まった。窓から外を見ると多くの建物が壊れ、あちらこちらから煙も見える。自分は車内のパニックを抑える行動をした……」

皆さんどう思いますか。「防災の専門家として落ち着いた行動で、よいじゃないですか」という話になるでしょう。でも、本当ですか。

冷静に考えてください。震度6強クラスの揺れで電車は脱線する。震度7になると、客室部が台車からはずれて、転倒する場合もある。日常の満員電車で、運転手さんがちょっと急ブレーキをかけただけで、どんなことが車内で起こるだろうか。押されて転んだり、もう少しで将棋倒しになるほど危険な状況になることを、多くの人は経験している。しかし、この状況は電車の外部から見ている人にとっては、車内で大変なことが起こっているようには見えない。では、満員電車が脱線したり、客室が台車からはずれて転倒したりするような状況で、車内ではどんな事態が起こっているのか。のんきに「窓から外を見ると……」などと言っている場合ではないことは明らかだ。

しかし、防災関係者も含めて、今の私たちの災害状況をイメージする能力はこの程度なのだ。

地震発生時に図書館や本屋さんで、本棚の間で本を探していたらどうか(写真1)。この写真の本屋さんでは、手前から奥に向かって設置されている本棚に入っていた本の多くは落下しているが、写真奥の壁に取り付けられた本棚の本はあまり落ちていない。専門家はこの本棚や本の様子を見て、なぜこのようになったのかがすぐわかるが、皆さんは、おわかりになるだろうか。

たとえば、小学校をはじめ中学校や高校など、学校の校舎には図2の上のような建物が多い。このような建物では、一般的にA方向とB方向とではどちらがよく揺れるだろうか。建物全体を見ると、A方向に長いので、多くの方はB方向によく揺れると答える。しかし、実際は違う。建物の断面を見ると、学校建築では、廊下をどちらに置くかは別にして、教室を図2の下図のように区切って使うことが多いので、壁の量はB方向がはるか

写真1：書店での書籍の落下の様子

図2：一般的な学校建物の壁配置

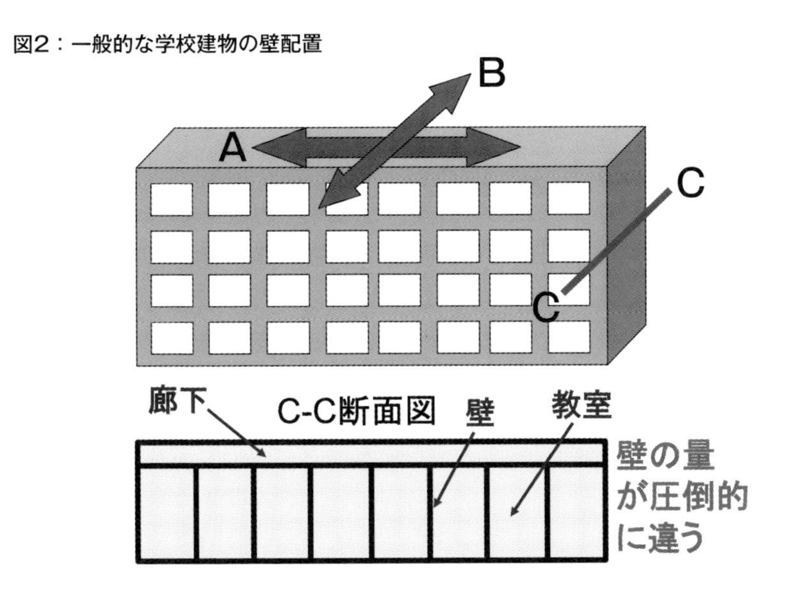

に多くなる。なので、学校建築では一般にA方向のほうが大きく激しく揺れるのだ。

(1) 徹底した当事者意識

図1の表の全てのマスを埋めるのには思いのほか時間がかかる。最初は何も書けない人も多い。これは実際に災害に直面した際に適切な行動がとれないということだが、まずは何もイメージできない現状を理解することが最初の一歩である。

一生懸命考えても、図1の表を埋めるのには、2週間から1ヶ月程度の時間は必要だろう。この作業を通じて認識してもらいたい点は、地震の発生時刻や場所によって、自分の周辺で起こる事柄が大きく変わることである。

次に、起こる事柄を表にまとめた人に対して、それぞれの事柄に対して、

「あなたは何をしなくてはなりませんか？　求められるものは何ですか？」と問いかけ、同様の表に記載してもらう。さらに、

「それを実行するためには何が必要ですか？」

「今の状況で、それは入手できそうですか？　準備できていますか？」

「できないと思われる場合、それはなぜですか？」

「ではどうしましょう？」と問いかけを続ける。

ひと通り考えてもらった後に、具体的に災害がイメージできたかどうかを尋ねる。

一連の作業を行う前に比べたら、多くの方がかなり具体的に災害のイメージを持つことができるようになっている。ただし、まだまだ不十分だ。次のような質問で、「あっ、そうか」となる。

表を見ながら、「そのマスに書かれていることは、夜、しかも地震後は停電する可能性が高いので、暗い条件下になりますが、認識できていますか？」

「家族には、けが人が出ましたか？　想定上、出せましたか？　亡くなった人はいませんか？」

「なぜあなたはピンピンしているのですか？」
「地震の3日後は、お葬式ですよ。認識できていますか？」
「対策は長期化しますが、日常業務の年間スケジュールとの関係は把握していますか？」
ここまでくると、みなさんかなり本気になってくる。過去の実際の災害時の出来事を紹介しながら考えてもらうことで、より現実感がわいてくる。目黒メソッドで特に大切な点は、自分の日常生活をモデルとしているので、当事者意識を持ちやすい点である。防災では、「他人事（ひとごと）」を「自分事（わがこと）」にすることが重要だ。この点が、所詮は「他人事」と受け取られ、実際の対策に結びつきにくかった従来の災害教訓番組や教訓集との最も大きな差である。
次に同様なシミュレーションを、季節や天候を変えて行う。するとこれらの条件によって大きく変化する事柄、それほど変化しない事柄がわかってくる。自分が置かれている立場、しなくてはならない事柄が具体的に見えてくる。
そしてさらに尋ねる。
「さあ、本当に大切なのは何ですか？　これからやるべきことは何でしょう？」
これらの作業を個人でまず行い、次に家族やグループで実施すべきであることを強調する。

(2) 個人が有する多面性の理解

目黒メソッドを通して、自分の持つ「社会的な顔と私的な顔」、「つくってあげる側ともらう側」、「情報を出す側と受ける側」などの多面性に気づく。自分は「守ってもらう側」と考えている大多数の市民が、たとえば家庭の若い主婦が、家に子どもと自分しかいない時間帯に地震に襲われれば、自分が「守る立場」にならざるをえないことを実感する。防災関係者も同様だ。自分はいつも防災に関わっているような気になっているが、それは大間違いだ。たとえば、自治体の防災関係者が、職員として住民を守る側にある時間は、1日8時間勤務、週休2日、その他の休暇……と考えていくと、自分の持つ時間全体のわずか20%であることに気づく。他の住民同様に被災する可能性と、防災職員として活動できない状況の多さを実感する。自分自身が負傷した場合、自分は大丈夫でも自宅が倒壊したり、家族が負傷・行方不明となった場合など、いくらでも考えられる。

(3)「健常者＝潜在的災害弱者」の意識

通常、災害弱者とか災害時要援護者とは、お年寄りや子ども、妊婦さんや赤ちゃん、日常的にハンディを背負っている方、あるいは日本語によるコミュニケーション能力の低い外国人などを指す。しかし、それだけで十分だろうか？　健常者である私たちも簡単に災害弱者になってしまう。

2回、3回と目黒メソッドをやってもらえる人には、次のような質問をする。「あなたは、眼鏡しているね。君はコンタクトレンズですか？　その眼鏡やコンタクトレンズが揺れのなかで紛失し、被災屋内の中でスペアが見つからない。次はそういう条件で記入してください。君は右腕を骨折したという条件で、君は左足をくじいてしまったという条件で。」

そうすると、自分は健常者だという意識しかない人が、まったく違う状況に置かれることに気づく。つまり、災害対応時に健常者が常に健常者であるとは限らないということ。「健常者＝潜在的災害弱者」という意識で災害状況をイメージすることが必要だ。そうすると、見えてくる世界がまったく変わる。この話は英語で話すとより理解しやすい。

この話は英語で話すとより理解しやすい。一般に健常者は「abled person」という。何らかの障害を有する人は「able」ではないという意味で「disabled person」という。健常者は障害のない人という意味で「disable」のまえに否定の「un」をつけ、その状態は恒常的なものではなく、「今、たまたま」という意味で、「temporally」をつける。そうすると、健常者は今たまたま障害のないだけの人と再定義でき、「temporally un-disabled person」となる。この視点や意識を持つと、見えてくる世界が変わる。バリアフリーなどは自分とは違う世界の人の問題くらいにしか考えたことにない健常者が、「福祉と防災は一緒に進めた方が合理的だ」というような考えを持つことができる。

⑷ 自分の死後の物語を考えることの重要性

さらに、不幸にして自分が亡くなってしまったという状況ではどうか。目黒メソッドでは、自分が死亡する状況では、そこで物語を止めるのではなく、まわりの人々が自分の死をどう受けとめ、その後の人生を過ごされるのかを考える。すると否応なしに、自分の周辺の人々への感謝と自分が死んではいけない存在であることが強く意識される。この感覚が得られると、「災害に備えなさい」などと言われなくても、人は自分でできる対策をしっかり考え、それを実施するようになる。

従来の「Aやれ、Bやれ、Cやるな」的な防災教育は思考停止を招き、自分の頭で災害を考えその対策を講じることを阻害する。重要なことは、災害イマジネーションを向上させることである。繰り返すが、イメージできない災害に対して、人は適切な心構えや準備、対応は絶対にできない。災害時に自分の周辺で何が起こるかを、時間の経過や条件の変化にともなって具体的にイメージできる人間を増やしていくことが防災の基本だ。専門家の使命は、実際の災害状況が認識できないために準備せず、結果的に被害を被ってしまう人を減らすことだ。

⑸ 次の災害までの時間がわかると

一連のシミュレーションから、地震発生後の時間の経過にともなって自分の周囲で何が起こるのかをイメージできる能力がつくと、今度は次の地震までの時間が与えられた場合に、その時間をどうやって有効に使えばよいかがわかってくる。つまり、図1では地震の発生から始まる時間軸を用意したが、これとは矢印の向きが逆の時間軸を用意して考える（図3）。そうすると、「10年、5年、…、○年、…、○ヵ月、…、○週、…、○日、…、○時間、…、○分、…、10秒、3秒」と地震発生までの時間が与えられた際に、それぞれの時間をどう活用することで、将来自分が直面する地震の影響を最小化できるかがわかるのだ。

図3で、数10秒以下になった場合にどう対応すれば良いのか。これが「緊急地震速報」が活用できる時間帯であり、この有効活用には、どこで何をしているときの何秒であれば何に使えるのかを具体的に考え、これを

事前に訓練しておくことが重要だ。これをせずに「緊急地震速報」を有効活用することは困難である。

ところで、依然として多くの自治体の防災パンフレットには、「グラッときたら火の始末」などと書かれてあるが、これは正しくない。激しい揺れが「グラッ」ときたら、火は消さなくてよい。現在では多くの電気やガスのコンロは、揺れを感じたら勝手に消える。無理に火を消そうとして近づき、怪我をしたり火傷を負う方が危険だ。「グラッ」ときたときに、無理して色々なことをやらなくてよい術を、事前に考え実施しておくことが重要なのだ。しかし、多くの防災担当者も災害イマジネーションが低いので、そういう大切なことをこれまで十分説明できていない。

図3：目黒メソッドで用いる表（その1）

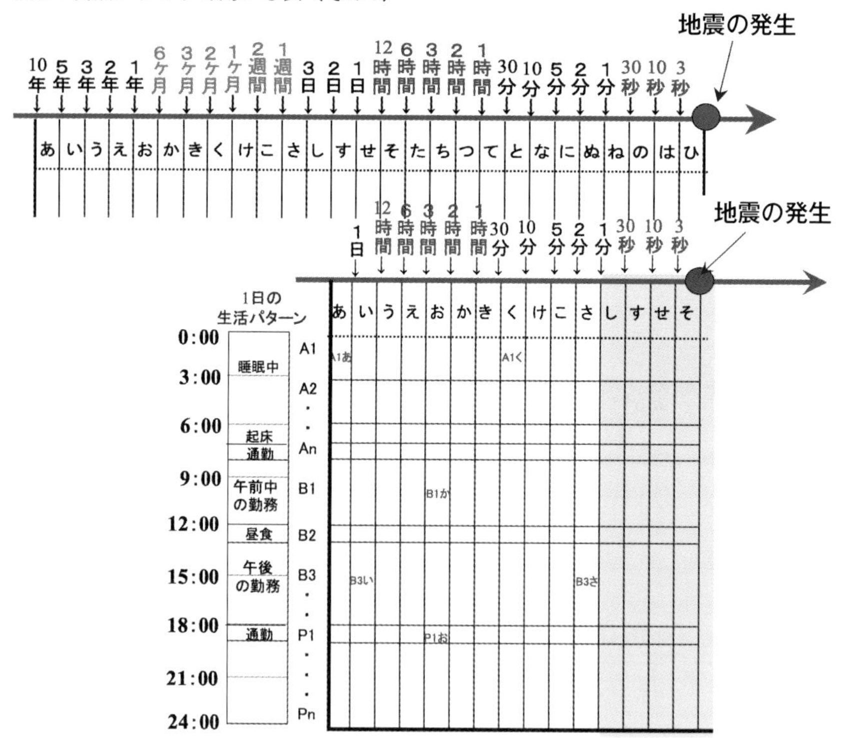

目黒巻

数多くの発災状況を対象に災害状況を考える「目黒メソッド」は、初心者には少々ハードルが高い。そこでこれを簡略化した「目黒巻（めぐろまき)」を考案した。「目黒巻」は自分で発災条件を1つ設定して、その後の時間経過にともなう災害状況を、自分を主人公とした物語として書いていくものだ。細長い紙の上に経過時間に沿って物語を書き込むので、巻物状になるため「目黒巻」と呼ばれている。「目黒巻」を使ったワークショップ（WS）は「目黒巻WS」と呼ばれている。

「目黒巻WS」で「目黒巻」を書き進める過程で、さまざまな疑問点が出てくるので、これを付箋紙に書き出し貼り付ける。みんなの物語が完成したら、他の人の物語を読む。次に全員の目黒巻を並べて、同じ時間帯での各人の内容を比較し、認識のずれを補正するとともに、付箋紙に書かれた各自の疑問をみんなで話し合ったり、調べたりする。そのうえで、途中

図4：目黒巻の例

の行動をどう改善すれば、自分の物語がハッピーエンドになるのかを考える。さらに仮想の条件として、事前にある一定の時間をもらうことができた場合に、何をすれば事後の物語がどう変わるのかを考える。このシミュレーションから、事前対策の重要性が認識されるとともに、事後対応力も身につく。関係者で条件を変えながらやってもらうことで、個人個人の、そして組織としての防災力を高めることが可能になる。

「目黒巻WS」では、事前に各参加者が自分なりの物語を書き、それを相互に見せ合ってから全員によるワークショップが始まる点が重要である。通常のブレインストーミングやワークショップでは、グループの中で立場が上の人や声が大きな人によって、議論の方向性が決まってしまったり、結論が左右されたりする欠点がある。人前で積極的に発言することが苦手な人は、カードを記載して提示するような方法でも、これを積極的に行うことが苦手な場合が多いので、ワークショップに貢献することも難しい。しかし、「目黒巻WS」では、事前に全員が自分の物語を用意し、それを相互に見せ合ってから全員によるワークショップが始まるので、周りに左右されない状況下で書いた物語が重要な意味を持つ。すなわち、誰が書いたものであっても、物語が充実していれば、これがワークショップの中で尊重される。言い換えると、人前で積極的に発言することが苦手な人であっても書いた物語が充実していれば、これによってワークショップに貢献できるということ。その一方で、立場が上の人や声が大きな人であっても、事前の物語の内容が乏しい場合は尊重されないことになる。

災害イマジネーションの向上によって

災害イマジネーションが向上すると、災害時に自分が直面する状況が分かるので、その状況をなるべく改善するためにはどうしたら良いのか、現在の問題点の把握から、発災までの時間を活用して適切な事前対策を講じることが可能となる。個人であれば図5の上の段、行政であれば下の段のような時間スケールを対象に、現状のままで地震に直面した際に、発災後のどのタイミングにどんな問題や課題に直面するかを考える。その結果わかった課題に対して、バックキャスト的に解決するには、どれくらいの時間や資源が必要になるのかを検討する。さらに、実際に地震が起った際には、自分が直面する将来の状況を時間先取りで理解できるので、その都度適切な行動をとって自分が受ける障害を最小化できる可能性が増す。社会を構成する様々な人々の「災害イマジネーション」の向上によって、我が国全体の総合的な災害管理力が高まって欲しいものだ。

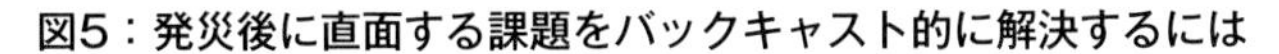
図5：発災後に直面する課題をバックキャスト的に解決するには

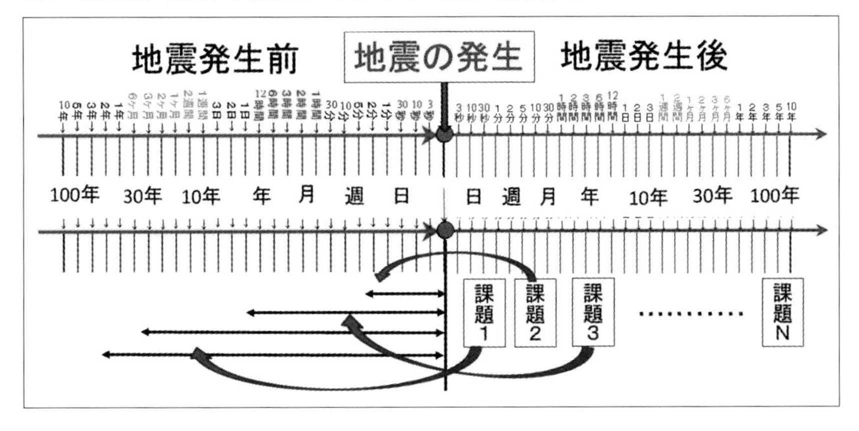

［第9章］

Tokyo Inland Megaquake

災害イマジネーション不足を原因とする諸問題

災害を想像するという備え

前章で、適切な防災対策を実現するうえで最も重要な能力が「災害イマジネーション」であることを述べた。理由は、人間は想像できない状況に対して、適切に備えたり、対応したりすることが絶対にできないからである。この能力に、自然科学と社会科学に基づいた「ハザードと災害に関する正しい知識」と「自分（個人、所属する組織や地域）の能力に関する正しい理解」があって初めて、適切な防災対策の立案と実施が可能になる。しかし、現状では社会を構成するさまざまな立場の人々、すなわち、政治家、行政、研究者、エンジニア、マスコミ、そして一般市民が、十分な「災害イマジネーション」を持ち合わせていない。

本章では、ハザードと災害に関する正しい知識と自分の能力に関する正しい理解に基づいた「災害イマジネーション」の不足が引き起こしたいくつかの事例を紹介する。そして、さまざまな発災状況を前提として、「災害を想像する」こと自体が重要な備えであることを指摘したい。

感震ブレーカーの功罪

阪神・淡路大震災を代表とする近年の地震災害では、地震直後に発生した停電がその後に復電される際に出火原因となった火災が多発した。漏れたガスへの引火や水槽が壊れて露出した状態の熱帯魚用の水槽の電気ヒーター、家屋の被害や家具の転倒などで生じた屋内配線の破断や損傷、局所的に大きな荷重が作用した状態の配線への通電が引き起こしたショートや発熱が原因となったのである。阪神・淡路大震災時の神戸市では、地震発生後10日間で157件の火災が発生したが、原因が特定された55件中の35件は通電を原因としていた。

このような火災の解決策として、「感震ブレーカー」が開発された。ある一定以上の揺れを感知すると自動的にブレーカーを落とすものである。普及している最も簡単なものは、ブレーカーのスイッチに取り付けるキャップに紐がつき、その紐の他端に錘がついていて、その錘を受け皿に乗せて置き、これが震度5程度の震動で皿から落ちる衝撃でブレーカーのスイッチを切るものだ。行政やマスコミの啓発もあって、最近では普及しつつある。

構造のシンプルな感震ブレーカーは地震時に確実に作動し、ブレーカーの切り忘れをなくすだろう。しかし、これが大きな問題を生むことに気づいていない人たちも多い。例えば、2016年4月14日の熊本地震の前震を考えてみよう。午後9時26分、この時間帯、通常、皆さんは何をされているだろうか。晩御飯を終え、一家団欒して、テレビや音楽を楽しんだり、読書や入浴をしたりしている時間帯ではなかろうか。その時、「ぐらっ」と激しい揺れが襲うと、震度5程度の揺れで突然、家中が真っ暗になり、その後の震度6、7の激しい揺れで、室内や床には、移動したり落下したりした家具やガラス、陶器の破片などが散乱する。皆さんはそのような状況下で、家族の安否を確認したり、避難しなくてはならなくなる。

揺れの最中や直後にブレーカーのスイッチを切る必要はないし、むしろ大きな弊害を生む。在宅用医療機器の急停止の問題への対策は当然として、夜間の地震では、揺れや停電をトリガーとして照明（蓄電型）が自動的に点灯する仕組みが重要だ。感震ブレーカーは、電力の供給がストップした際に、自動的に照明が点灯し、半日程度（夜間の避難や捜索に十分な時間）継続する仕組みを併用することで初めに本来期待される効果を発揮する。良かれと思って設置した装置が引き起こす重大な問題に関して注意を喚起したい。

数値目標としての耐震化率の欠点

阪神・淡路大震災では、地震後2週間までの犠牲者の8割以上が住宅・建築物の被害によるものであった。残りの死者の9割以上を占める焼死者も、地震動によって被災した建物の下敷きになって逃げ出すことができずに焼け死んでいる。このような状況を踏まえ、地震から人命を守るうえで最も効果的な対策として、住宅・建築物の耐震化の推進が叫ばれてきた。

一連の耐震化促進の活動の中で、政府は具体的な数値目標を掲げ、その目標に向かって各ステークホルダーが努力する仕組みづくりをはかった。具体的には、耐震改修促進法に基づく国の基本方針として、住宅や多数の者が利用する建築物の耐震化率を平成15年の75%から平成27年までに少なくとも9割とする目標を定めるとともに、政府の「新成長戦略」(平成22年6月18日閣議決定)や「住生活基本計画」(平成23年3月15日閣議決定)、さらに「日本再生戦略」(平成24年7月31日閣議決定)においては、住宅の耐震化率を平成32年までに95%とする新たな目標を定めた。「首都直下地震の地震防災戦略」(平成18年4月21日中央防災会議決定)でも、多数の者が利用する建築物(特定建築物)の耐震化率を平成27年までに90%とする目標を定め、計画的な耐震化の促進を図ってきた。

耐震化の促進のために、「耐震化率」という指標を定め、具体的な目標値を立てて、地域ごとに努力することは正しい。また、この活動の結果とし耐震化が進んだことも評価できる。しかし、思わぬ落とし穴に気づいていなかった。

耐震化率とは「全世帯数の中で耐震基準を満足する建物に住んでいる世帯数の割合(%)」である。この定義も特に不自然なものではないが、この指標のみにとらわれてはいると、本質的な問題を改善できない状況に直面する。

理由は、地域の耐震化率が地震に弱い建物の耐震補強をしなくても向上するということだ。対象地域に、大規模な集合住宅が新築されると地域の耐震化率は上昇し、一見、地域が努力したように見えてしまう。

また同じ耐震強度不足でも、基準をわずかに下回る建物と大きく下回る建物とでは死傷者率に大きな差が出るが、これまで耐震化が進んだ建物は、耐震補強が経済的にも技術的にも容易な前者の建物である。一方で、地震時に瞬時に倒壊し、多くの死傷者を出す危険性の高い耐震性の著しく低い建物では、基準を満たすだけの補強をするには、壁を極端に増やすなどの対策が求められること、経費も高いことからそのままになっているケースも多い。

さらに現行の基準を完全に満たさなくても、ある程度の補強をしておけば、被災しても生命が助かる可能性は大幅に向上するので、これを積極的に進めてきた市町村もあるが、このような補強は耐震化率の向上には貢献しない。結果として、このような対策が実施されにくくなり、最も問題のある建物が取り残されてしまう状況になる。

耐震化率の数値目標を掲げた本来の目的は何だったのか。本来の目的は、「死傷者の軽減」であったはずだが、それがむしろ阻害される危険性がある。指標を定義し、目標値とする場合には、それが本当に機能するのかを事前にさまざまな角度から分析する必要がある。対策を立案するうえで、正しい知識に基づいた「災害イマジネーション」が不足していたということである。今回のケースで言えば、「耐震化率」に加え、耐震性の低い建物の実質的な変化を表す「脆弱建物減少率」といった指標を導入すれば、指摘されるような問題は発生しなかったのだ。

大規模災害時の中小企業のBCPのあり方

企業や自治体が、大規模災害をはじめとするさまざまな危機的な状況に備え、事業を継続できるように、事業継続計画（Business Continuity Plan: BCP）の策定や事業継続マネジメント（BCM）対策の推進が叫ばれている。大企業の多くは、これを実施しているが、中小企業においてはまだ策定率が低く、この向上が重要な課題として指摘されている。

BCPやBCMに関しては、さまざまな課題が指摘されている。特に、日本社会の特性に適したBCPやBCMになっているか否かは重要な課題であるが、ここでは従来ほとんど指摘されていない課題の中で、私が重要視しているものを紹介したい。なお、この課題は、今後策定率を向上させなくてはいけない中小企業にとってより重要である。

ポイントは「BCP≠CCP（会社継続計画：Company Continuity Plan）」ということ。BCPの策定は単なる手段であって、その上位には会社の継続や従業員家族の生活の継続などがあるはずだ。しかし、これがいつの間にか忘れられてしまい、「手段の目的化」が起こってしまう。

通常（環境が大きく変わらない条件下で）は、業務を継続することが会社の継続につながるので、BCPを整備している。しかし。大規模災害時には、被災地域の環境が大きく変わる。特に事業対象エリアの小さな中小企業では、環境変化の影響をより大きく受けやすい。災害前の事業が成立しにくい環境になることも多い。しかし、事前にBCPを整備しておくと、発災後に「今こそBCPに基づいた事業継続を」となって、発災前の事業の継続に努力する。結果的に経営はうまくいかず、会社は倒産する。これでは何のためにBCPをつくっていたのかわからない。

会社の継続という上位の目的のためには、発災前の事業を継続しない、災害後の環境に適した異なる業種の事業を行うなどが、CCPとしては適切な場合も出てくる。「災害イマジネーション」が高ければ、このような課題も当然理解できるわけだが、現在のBCP策定のガイドラインなどでは、発災直後から将来にわたる大規模災害による被災地の状況の変化を適切に分析したり、評価したりする部分が弱いので、このような問題が潜在してしまう。

マスコミによる災害報道における問題

災害報道の役割は、現状の課題を正確に抽出し、平時にその課題の改善を促すとともに、発災直前の警戒段階から発災後の被害状況の評価段階、その評価結果に基づいて、各ステークホルダー（担い手）が的確に災害対応するとともに、迅速で適切な復旧・復興につながるための情報を発信することである。しかし、東日本大震災後の報道を分析すると、これがうまく行われていたとは言い難い状況があり、この背景にも報道関係者の「災

図1：市町村名の掲載回数と死者数の関係

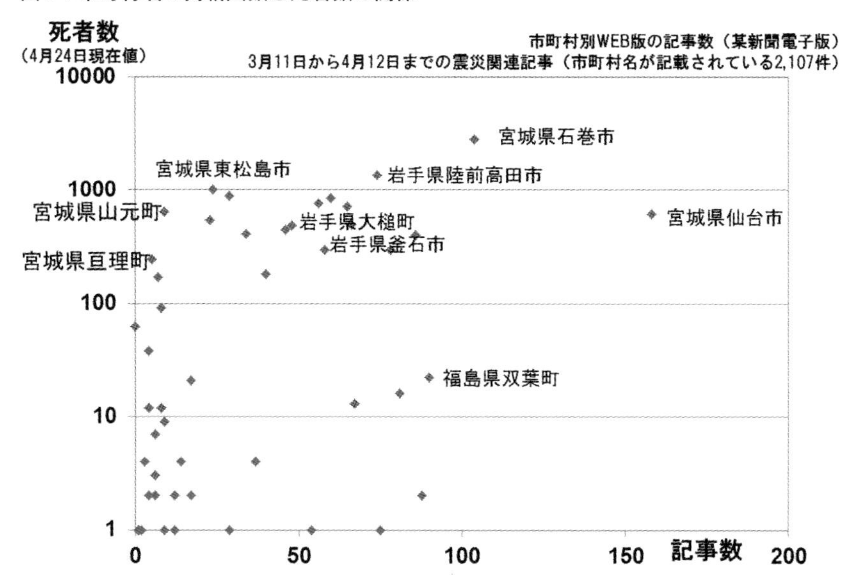

害イマジネーション」不足がある。

図1は発災から約1ヶ月の間に、被災地の市町村名が某全国紙に掲載され た回数とその時点で公表されていた死者数の関係を表している。死者数の割に報道されていない市町村が多数あり、被災地全体を対象とした被災状況の早期把握の点からは大きな問題である。このような偏った報道の背景として、マスコミ関係者は道路の被害や燃料不足を原因と説明したが、それは一部である。より本質的な理由は、彼らの視点からのニュースバリューの高い記事を他社が報道した際に、自社のみが報道していないという「特落ち」を避ける行動である。報道の自由度は最大限尊重されるべきである。しかし、取材者の人的資源や時間が極端に不足する大規模災害時には、報道関係者の自発的な事前協議に基づいて、地域や項目の分担等が成されれば、もっと迅速に災害の全体像を把握し、効率的な対応や視聴者への情報提供が可能になると考えられる。

インターネットが普及したとはいえ、被災地外の人々が災害情報を入手する手段として、マスメディアが占める割合は依然として大きい。このよ

図2：市町村別の被害建物数と義捐金の関係

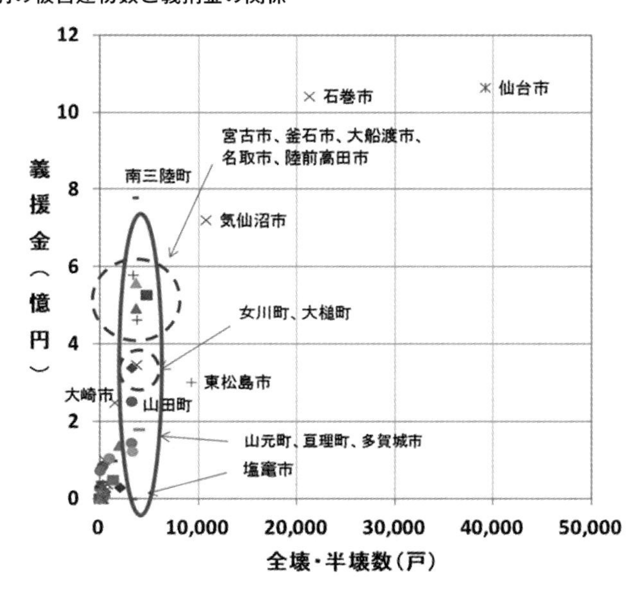

図3：3~5千戸規模の被害建物のある市町村の義捐金と報道回数の関係（某TV局、3月11日~6月30日）

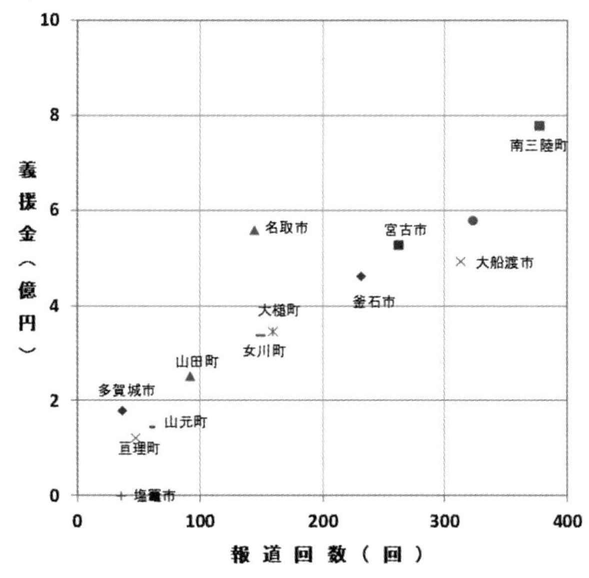

うに偏った報道がなされると、その後の対応にも大きな影響を及ぼす。

図2と図3を見比べて欲しい。市町村へ送られた義捐金の額が、同程度の被災状況にもかかわらず大きくばらついている。これを某テレビ局が取り上げた回数との関係で整理すると、見事に直線上にのる。このような状況は健全とは言い難い。

では、どうすればこのような問題を解決できるのであろうか？　解決策としては、「いつ、だれに、どんな情報（求められる精度で）を、提供すればよいのか」の把握が求められる。これができると、将来的に発現する災害現象を事前に予測し、その状況を改善する行動を視聴者に促す「現象先取り、防災行動誘導型報道」が実現する。しかし、現状では、取材した情報の災害対応上の重要性や提供のタイミングなどに関する十分な議論がないままに配信されるので、災害状況の改善に効果的に結びついていない。

私の提案するひとつの解決策を紹介する。私の過去の研究成果から、行政が行う災害対応業務は50程度に大分され、それぞれが10前後の業務から構成されるので、全体としては約500項目になる。そしてこれらの業務の実施には、300程度の情報が必要になる。行政の災害対応を対象にすれば、これら300の情報が。「いつ、どの部局によって、どのような業務に」活用されるのかの分析が求められる。

図4は特定の対応者（ここでは土木部道路課）に対して、発災前から発災後に至る時間経過の中で、対応すべき業務を大きな単位で聞き取り、それを細分化した図である。直接必要となる情報を尋ねても回答できない人でも、最終的なアクションになると、それを行ううえ必要となる情報の種類と必要な精度（数、空間、時間）を答えることができる。これを全ての関係者（部局）に対して行い、ある情報（ここでは避難）が必要となる順番で整理したのが図5である。さらにこの結果を基に、災害対応業務において、避難情報を必要とするものを時系列的に列挙したものが図6である。同様の図を行政の災害対応で必要となる300項目の情報に関して作成することで、各情報がどのタイミングに、どの部署で、どのような業務のために必要になるかが明らかになる。

図4：業務の分析と必要となる情報の洗い出し（1部局）

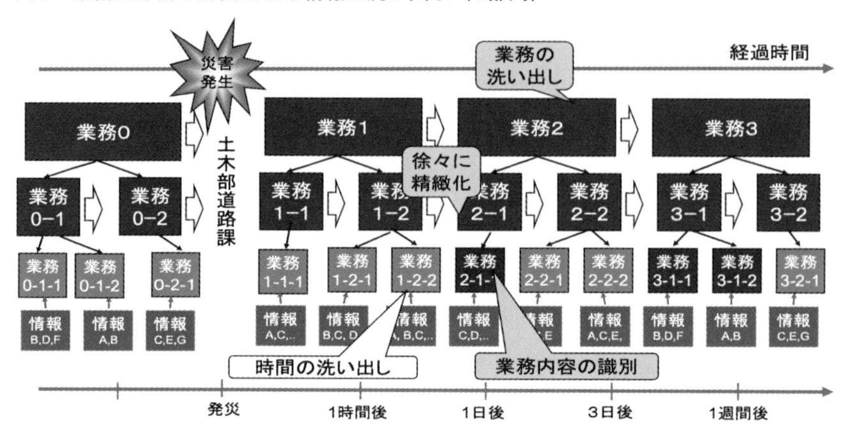

図5：関係他部局の分析結果の統合

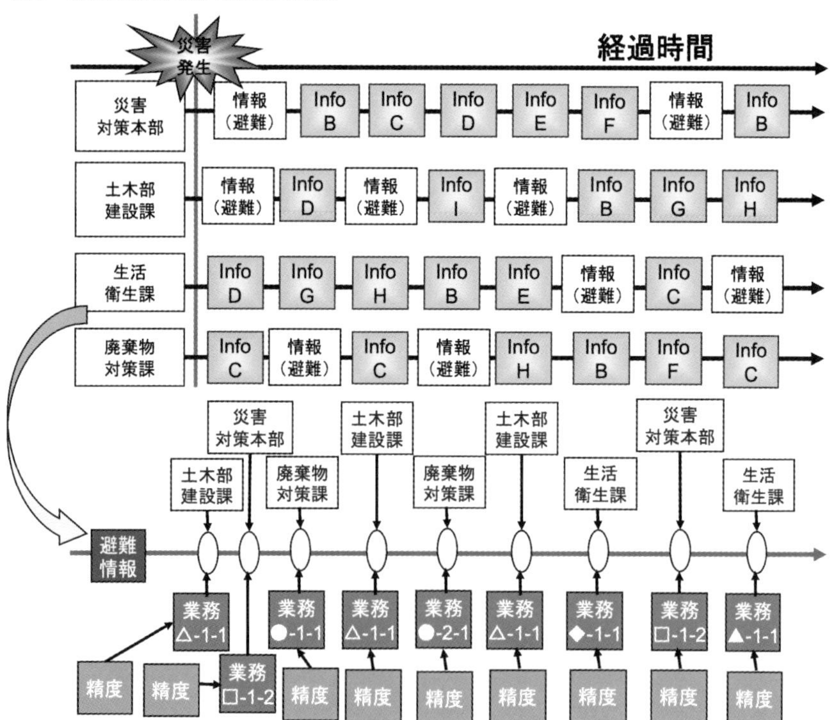

図6：情報の視点からの災害対応業務のトレース

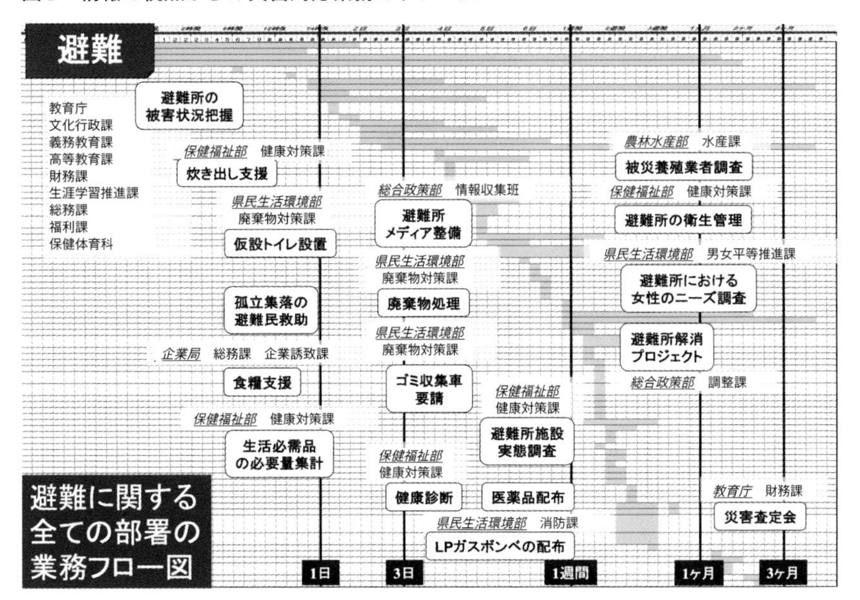

　このような分析を、市民の災害対応を含めて事前に行えば、誰が、どのような情報を、どのタイミングで必要とするかが分かるので、そのタイミングの少し前に、必要となる情報を提供すればよい。こうすることで、災害状況の改善に役立つ情報の提供が可能になる。

良かれと思った行動が問題を生まないように

　本章では、防災対策や災害対応を進めるうえで、「災害イマジネーション」の不足が招いたいくつかの問題を紹介した。関係者は、いずれも良かれと思ってやったことであるが、思わぬ問題を生んでいる。ハザードと災害に関する正しい知識と自分の能力に関する正しい理解に基づいた「災害イマジネーション」の向上がいかに大切か、そして、さまざまな発災状況を前提として、「災害を想像する」こと自体が重要な防災対策であることをご理解いただけたと思う。

Tokyo Inland Megaquake

[第10章]
災害対応における適切な人材運用の実現のために

「何をすべきかわからない」状態から始まる災害対応

第4章「熊本地震災害の対応から学ぶべき教訓」で、著者は今後の我が国の災害対応力の強化のために、以下のような考えを述べた。

災害対策基本法を改正し、災害対応の責任を市町村から都道府県に変えた新しい体制を整備すべきだ。理由は、適切な災害対応には実経験が重要だが、災害のデパートと言われる我が国であっても、時期やエリアを限定すれば頻度はそれほど高くない。ゆえに、全国の各市町村の防災部局の職員が、3年程度の任期中に実経験を積むことは難しい。結果として、市町村の大規模災害対応は「いつも初めて」の経験になり、「何をすればよいのかわからない」状況から始まる。現在、そして今後の市町村を取り巻く環境を前提にすれば、1,700を超える各市町村に、災害対応の経験や教訓を個別に蓄積・遺伝させることがいかに難しいかは論を待たない。

一方で数十の市町村を束ねる都道府県であれば、年間に少なくとも1、2回の災害対応を経験する。3年程度の任期を前提にしても、防災部局の全担当者が数回以上の災害対応の実経験を積むことになる。事前の防災対策は、時間的な余裕もあるので地域を良く知る市町村が主体となって推進できる。しかし、人口の少ない自治体では、初めての災害対応で、しかも外部支援職員やボランティアなどを含め、日頃管理している職員の数倍から数十倍もの人間を適切に管理することは容易ではない。今後は、災害対応のノウハウや教訓は都道府県に蓄積・遺伝させ、被災市町村の災害対応を管理するシステムを構築すべきだ。

熊本地震災害の対応をレビューする過程で、著者は首相から内閣府本府参与の立場を受け、これまでの研究成果に熊本地震災害対応のレビュー結果を加えて、このシステムを開発した。本章では、このシステムを紹介する。

災害対応を取り巻く現在の課題

現在の災害対応業務のマニュアルや計画は、スタティック（静的で動きがない）であるとともに、利用者とインターラクティブ（相互作用する環境を有する）でないという欠点がある。加えて、図1にまとめるようなさまざまな問題があるために、災害対応の効率化に十分貢献できていない。そこで、これらの問題を解決する「災害対応人員管理支援システム：SHIFT（System for Human-resource Input and Functional Team-building)」を開発し、都道府県を介して、全市町村に配布を依頼し、全国で利用可能にした。SHIFTはさまざまなレベルの災害を前提に、直面する状況を事前に把握し、事前～事後の各フェーズにおける対策や対応の戦略づくりのための支援ツールである。

図1：災害対応業務マニュアル（計画）を取り巻く現状の問題点

◆全体として
- ●業務の流れが見えにくい
- ●業務量の議論がなされていない
- ●災害状況で変化しない
- ●事前利用の機能が弱い
- ●個人の経験が組織に引き継がれる仕組みがない

◆個別項目として
- ●具体的なアクションが分かりにくい記述となっている
- ●時間別部署別の達成目標が欠如している

◆特定の自治体用に開発されたシステムなので
- ●汎用的なシステムになっていない（標準化されていない）
- ●維持管理や更新が難しい（すぐに陳腐化する）
- ●被災地域の経験が他地域で有効活用される仕組みがない

提案システム（SHIFT）の概要

(1) 災害対応の全体像を示す機能

これまで著者らの研究グループでは、災害対応業務フローの分析を行い、業務内容と担当部局、時間軸における業務の流れを整理してきた。これらの研究成果から、災害対応業務は約50の業務に大きく分類されることが分かった。これが図2に示す業務フローである。

このフロー図から、基礎自治体の首長は、災害対応の全体が一目で把握できる。また実際の担当者は、自分の部局をクリックすると、具体的に実施する業務内容（図3（a））とともに、他地域で実施された過去の災害対応業務における教訓や、国や都道府県による支援制度などの情報を入手できる（図3（b））。これによって、「何をしてよいのかわからない」状態からのスタートを阻止することができる。

(2) 最適な人員配置法を提示する機能

図2に示したフローの横軸は災害対応のフェーズを示しているが、絶対

図2：災害対応業務の担当部局と対応フェーズ

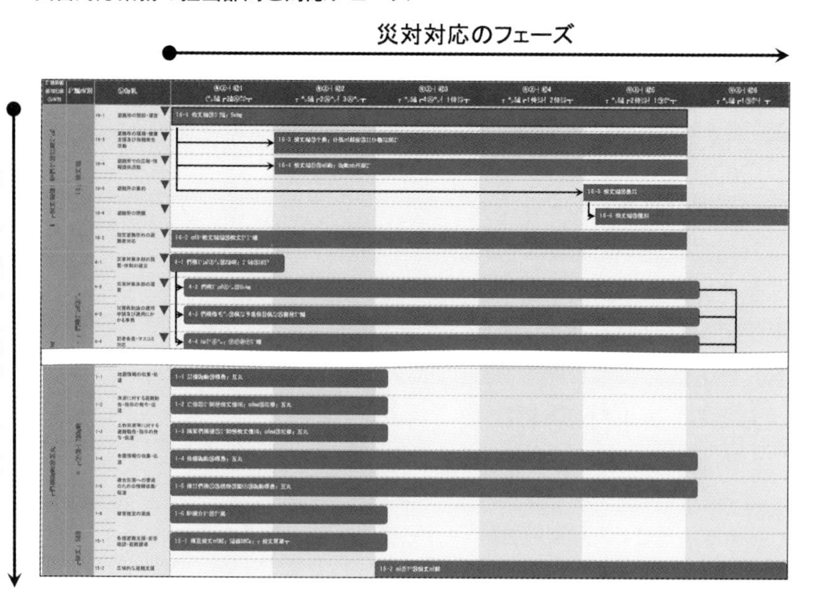

図3：災害対応業務の担当部局と対応フェーズ

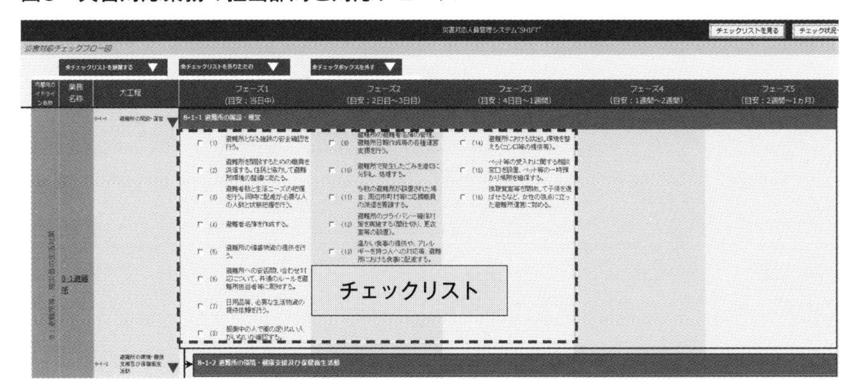

（a）具体的に実施する内容の提示

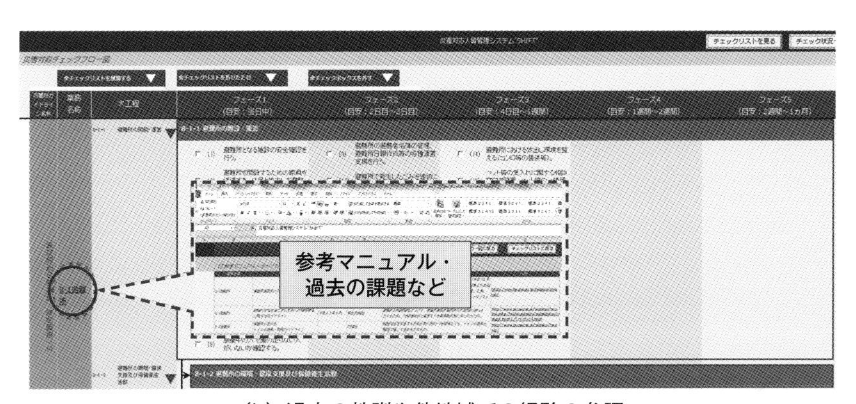

（b）過去の教訓や他地域での経験の参照

的な時間（日数）は被害量によって変化する。そこで、SHIFTには発生した被害量に応じた適切な人材配置のあり方を提示する機能を持たせた。詳しくは次章で説明するが、この機能により、現在想定されている人員配置法を前提とした被害量に応じた災害対応期間の算出ができる。さらに優れた配置法を採用した場合に、災害対応期間が大きく短縮できることも提示できる。発災前に、この機能を活用したシミュレーションを行うことで、事前対策が災害対応に与える効果の評価が可能になる。

(3) 活動履歴・実績をデータベース化する機能

SHFTを用いて災害対応を実施すると、図4に示すように災害対応行動が自動的に記録・整理される。このデータは、次節で説明する災害対応の進捗管理や、将来の災害対応における教訓や経験の共有データとして活用される。

従来、この種のシステムは、特定の市町村の独自システムとして開発納入されていたために、他の自治体とのデータや経験の共有と有効活用が難しかった点を改善するものである。

(4) 災害対応の進捗管理を行う機能

害対応期間の見積は、まずは過去の災害時における被害量と人材の投入量（人工）の関係の調査から、単位被害当たりの人材投入量を求め、これと投入可能人材量から算出する。しかし、過去の実績の多くは、適切に対応できていない状態での被害量と人材投入量の関係である。また、災害対

図4：活動履歴・実績をデータベース化する機能

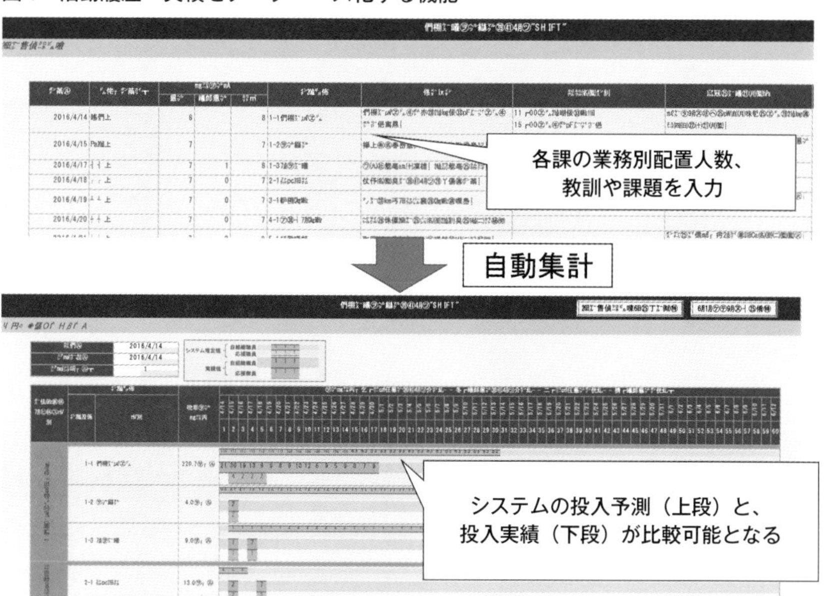

応を取り巻く状況は災害ごとに異なることから、結果として被害量に対する適切な人材投入量も異なるものになる。

そこで、SHIFTではこのような状況に対しても改善策を示す機能を整備した。すなわち、図4に示した活動履歴・実績をデータベース化する機能を用いて、毎日の災害対応業務の履歴を分析すると、今回の災害環境下での各災害対応業務における単位人材当たりの対応業務量が求められるので、より正確な進捗管理が可能になる（図5）。

図5：災害対応の進捗管理を行う機能

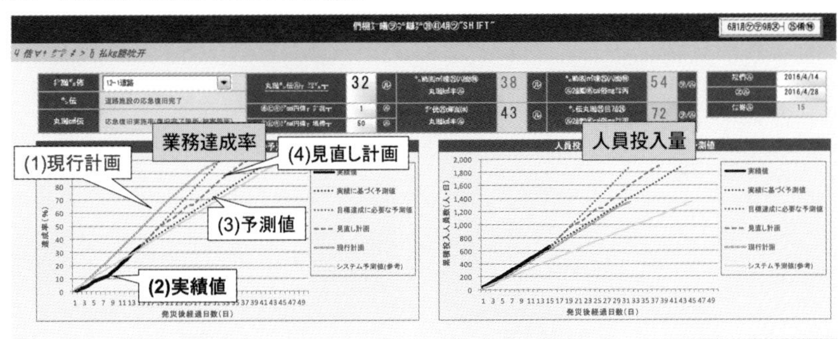

① システムの予測値を基に投入計画を作成・・・(1)現行計画
② 投入実績・目標達成状況を記録・・・(2)実績値
③ 投入実績を基に将来予測を外挿・・・(3)予測値
④ 将来予測を基に投入計画を修正 ・・・(4)見直し計画

提案システム（SHIFT）の活用法

(1) 事前（発災前）の活用法

まず利用者は、図6（a）の画面で、都道府県名と市町村名を選ぶ。SHIFTはシステム内に「地方公共団体定員管理調査データ（総務省自治行政局公務員部給与能率推進室による）」を持ち、ここから選択された市町村の部署別の職員数を自動的に取り込む。次に被害量を入力する。正確なシミュレーションには、詳細な被害データがあった方がよいが、一般的に早期に詳細なデータを得ることは難しいので、過去の災害対応の実績調査から、災害対応量に最も影響の大きい建物の全壊数のみの入力でもシミュレーションを可能にしている。

図6（a）の右側は、事前の準備状況を考慮する画面である。経験もなく専門性も低い業務に多くの職員が割り当てられ、他の災害対応業務が遅れる原因となっている業務（例えば、避難所の運営・管理や緊急物資の調達など）をはじめ、事前対策によって事後の業務が大きく効率化される条件を提示し、事前対策の推進を図るものである。ここでは「被災者による避難所の自主運営体制の整備」、「物資調業務の外部委託の有無」、「罹災証明書の発行を効率化するシステムの導入と訓練」、「災害廃棄物の仮置き場の事前準備」、「仮設住宅の建設場所の事前設置」、「見なし仮設住宅の調査と管理」などを対象としている。これらの有無や整備の程度によって、災害対応業務期間が大きく変化する状況をシミュレーションによって明らかにする。

図6（b）は一例として、人口10万人規模の自治体で500棟の全壊建物が発生した場合を対象に、災害対策本部が閉鎖されるまでの期間をシミュ

図6：最適な人員配置シミュレーション（被災自治体のみによる対応を全体とした場合）

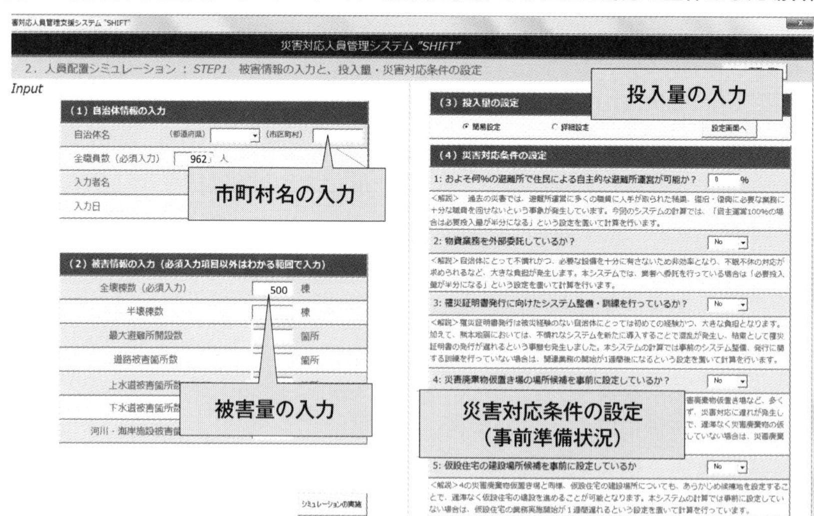

（a）市町村の選択と事前準備状況の入力

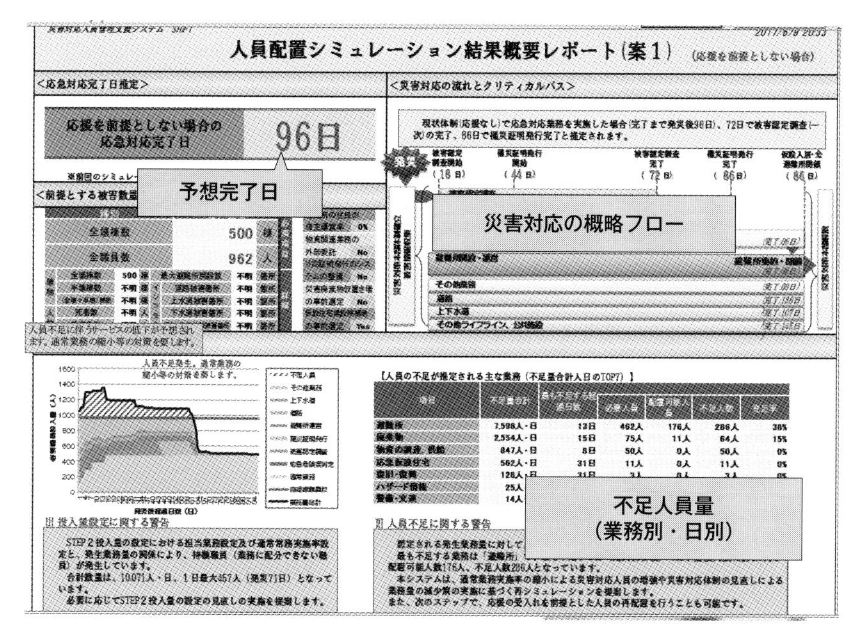

(b) 人員配置シミュレーション結果の概要レポート

レーションした結果である。現在の人員配置計画に従うと、業務期間が96日間になることが算出された。提示されるレポートには、各災害対応業務のフローが時間付で示されるとともに、人員不足が予想される業務に関しては、業務別日付別に不足する人工量を提示する。最後に、「投入量の設定や人員不足に関するコメントが添えられる。

ところで、多くの自治体では、各種の災害対応業務は、平時の業務内容が類似する部局に割り当てられる。人数等を加味して、複数の業務に割り当てられる部局もあるが、現在一般的に採用されているこの配置計画には改善の余地が大きい。そもそも、各部局の現在の人員配置は日常業務を前提とした最適解であり、災害時の業務量とは調和しない。そのような状況で、災害対応を実施した結果が図6（c）の上段の（1）に示すものである。災害対応業務量に応じた適切な人員配置が成されていないので、早期に終了する業務と長期間にわたる業務が混在している。この結果を踏まえ、短期に終了する業務の人材を長期にわたる業務へ適切に再配分すると、図6

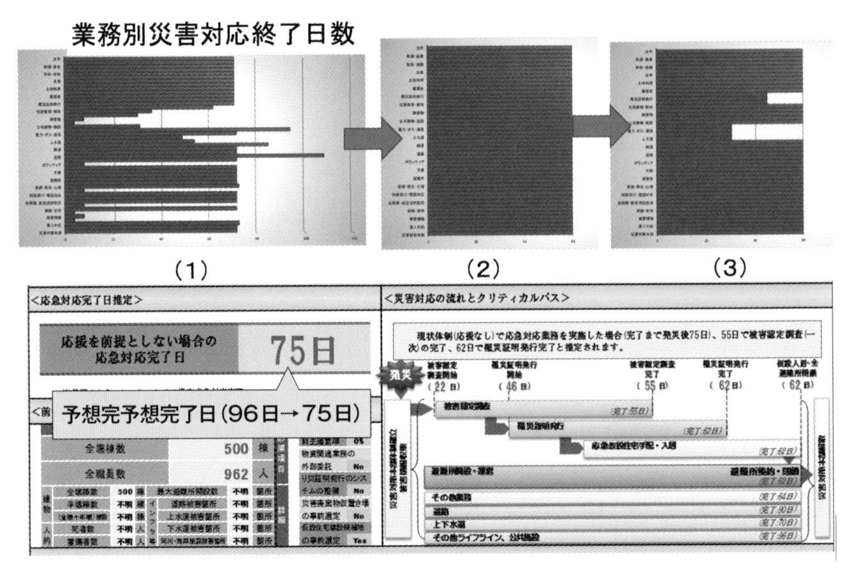

(c) 人員配置の改善による効果のシミュレーション

(b) 上段の (2) のように、全ての業務の終了時期を合わせることができ、結果的に終了時間の短縮化が実現する。

今回の条件でのシミュレーションからは、人員の最適配置によって、災害対応業務の終了期間は、他からの支援がなくても96日間から75日間に短縮できることが分かる。さらに、首長がいくつかの業務に関して、より短期間に終了したいなどの考えがある場合には、当該業務にまず多くの人材を配置し、業務終了後に他の業務に人材を再配置することで、それを達成したうえで全体としての業務終了時間は (2) と同じにするなどの対策も講じることが可能だ (図6 (c) 上段の (3))。

次に他からの支援を前提に、さらに災害対応業務期間を短縮したい場合は、その目標日数を入力すると、どの時期に、何の業務を担当する人材を何人支援してもらう必要があるのかを算出して提示することが可能だ (図7)。この機能を用いることで、発災後の早い時期から、外部への精度の高い支援要請を出すことが可能になる。

ところで、BCP (事業継続計画) 策定で問題となる重要業務の選定や日

図7：目標日数を対象とした場合のシミュレーション

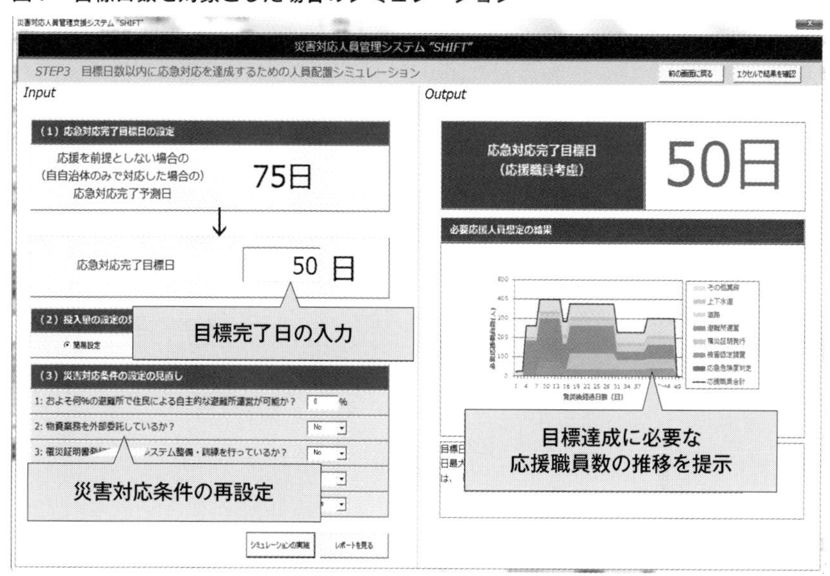

常業務の停止率は、上述の目標日数によるシミュレーションから災害対応に必要となる人材量が評価されるので、これを基準として合理的に決定できる。

(2) 発災時の活用法

実際に災害が発生した際には、実被害量をインプットデータとして用いるが、十分な被害データが入手される前には、防災科学技術研究所が開発した「リアルタイム地震被害推定システム（発災後10分程度で被害の量と分布情報を提供する）」などの活用が推奨される。

推定（初期評価）被害と事前に入力してある対応可能人材のデータから、災害対応業務の推移と継続時間をまず見積もる。モニタリングデータから被害量の評価結果が変わったり、余震などによって被害量が変化する場合、また職員の被災や外部からの支援により投入可能人材量が変化した場合には、その都度、被害量と投入人材量のデータを更新して、災害対応業務を再評価し業務管理する。

その他の利用法と今後の管理運用のあり方

SHIFTは市町村の災害対応支援システムとして開発したものだが、配布は内閣府と相談して、都道府県を介して行うようにした。理由は、人口規模の小さな自治体の防災部局がこのシステムを熟知して、効果的に活用することが人材の制約上難しいと考えたこと、また都道府県がこのシステムを活用して、所轄する市町村の災害対応力を事前に適切に把握して欲しいという願いからだ。

都道府県にはSHIFTを活用して、まず各市町村が独自（他からの支援なしで）に対応可能な最大規模の被害を算出し、一覧表を作成して欲しい。これによって、発災後の早い段階で、被災市町村へのプッシュ型支援が必要か否かの判断が可能になる。また、都道府県であれば、SHIFTを熟知し、自在にオペレーション可能な人材を確保できるので、その人材がSHIFTの入ったPCを持って市町村に入り、市町村長にアドバイスしながら災害対応業務の管理を代替することも可能になる。次に都道府県単位で、独自に対応できる最大規模の被害量（所轄する市町村全体の被害総量）も把握して欲しい。これによって、速やかに中央政府への支援要請が可能になる。このような環境の整備が、冒頭で紹介した「災害対応のノウハウや教訓を都道府県に蓄積・遺伝させ、被災市町村の災害対応を管理するシステム」につながると考える。

SHIFTのようなシステムでは、継続的なアップデートが重要である。すなわち、ある規模以上の災害が発生した際には、必ず災害対応をレビューし、教訓が得られた場合には、それをシステムに反映させる運用体制を整備することだ。著者が政府に提案した仕組みは、上記の体制は内閣府が整備してシステムの更新をはかり、総務省がそのシステムの全国の自治体への普及を担う仕組みである。この体制によって、システムは常に政府によって更新され、全国の市町村や都道府県はユーザーとして、常にアップデートされたシステムを新しい教訓とともに活用できる。個別の自治体による独自のシステム修正は、我が国の災害対応と訓練の標準化や経験と教訓の共有化の視点から避けるべきだ。

SHIFTは将来的にはクラウド環境で利用できるシステムを考えているが、まずは災害状況下で通信事情などが悪い環境下でも稼働するように、エクセル環境で開発した。

なお、市町村の防災関係者でSHIFTを知らないという人は、ぜひ都道府県の防災担当部局に問いあわせていただきたい。また本章では地震災害編を対象にシステムを紹介したが、福岡県北部水害を踏まえ、水害編も開発したので、こちらも是非ご活用いただきたい。

[第11章]

Tokyo Inland Megaquake

地震にまつわる確率について

地震と確率

皆さんは図1の地図をご存じだろうか？　これは1951年に発表された「河角(かわすみ)マップ」というもので、西暦599年から1949年までの1,350年間の地震履歴（342回の被害地震、このうち東北地方は最近の1,120年、北海道は同様に160年）を用いて、75年、100年、200年間に、ある基準値以上の地震動がその地域を襲う確率（超過確率）を求めたものだ。図1はその中で、期間を100年とした場合の地表最大加速度の分布を50ガル（Gal）刻みの等高線で表わしたもの。作者は「関東南部地震69年周期説」で有名な東京大学地震研究所教授の河角広先生（1904-1972）である。

地震は地下の断層の破壊現象であり、断層面に蓄積された歪（変位）が限界に達した場合に発生する。断層に単位時間当たりに蓄積される変位の量（平均変位速度）は、プレート境界の断層では年間10cmを超える場合もあれば、内陸の活断層のように年間1/100～1mm程度のものもある。一方で、断層の限界変位にはそれほど大きな差がない（多くは1~10m程度）ので、発生周期（回帰周期）は数十～数万年程度になる。特定の断層において、限界変位と平均変位速度が一定であれば、地震の回帰周期は一定になるわけだが、実際は揺らぐので確率的に扱われることが多い。本章では地震にまつわる確率に関して紹介する。

ポアソン分布とBPT分布

1から6の目をもつ立方体のサイコロを複数回振って出た目の数をカウ

図1：河角マップ

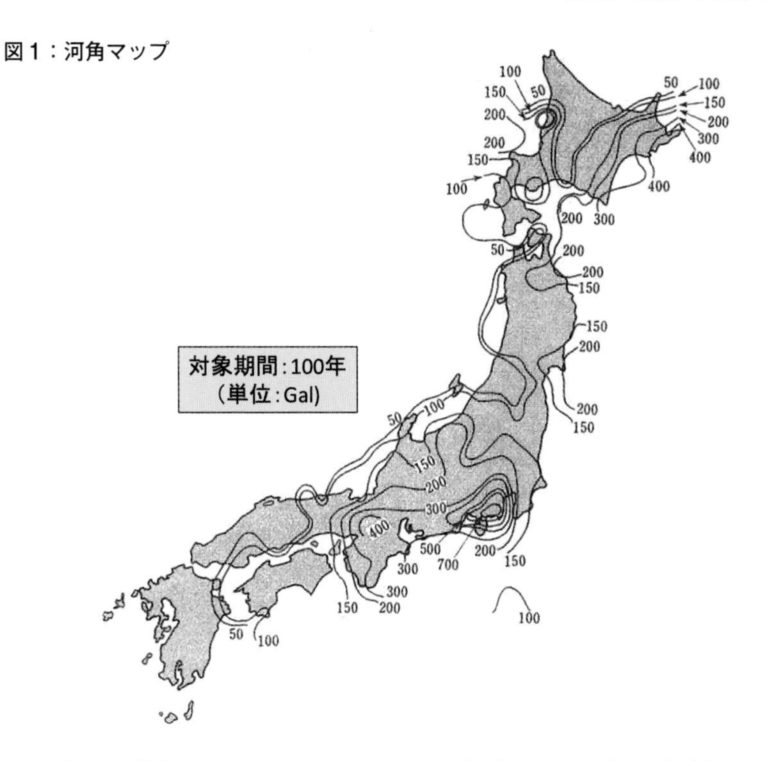

ントする。皆さんは、1回目に3の目が出た後に、2回目に連続して3の目が出ることがあっても、サイコロを6回振った際に、各目が1回ずつ出ないことがあっても、特におかしいとは思わない。しかし、サイコロを振る回数を増やして、1,000回、1万回振った場合に、各目の出る確率が6分の1に近づいていかないとおかしいと感じる。理由は、サイコロでは、次に出る目の確率はそれ以前に出た目の影響を受けないこと、また各事象の発生確率は、事象の繰り返し数が少ないと揺らぎが大きいが、数が増えるにつれて、本来の確率に近づいていくことを知っているからだ。

では、地震の発生確率はどうであろうか。すでに説明したように、地震は断層に蓄積された歪が限界に達して起こる。そして地震が起こると、それまでに蓄積された歪（の多くは）は解放され、その後また徐々にひずみが蓄積され、次に限界に至ると地震が発生する。毎年の地震発生確率を考えると、ある年に地震が発生すると、その翌年以降に同様な地震が発生する確率は低下する。これはサイコロの目の発生確率とは異なる特性である。

確率統計学では、サイコロの目のように、次に起こる事象がそれ以前に起こった事象の影響を受けない状況をポアソン過程に従うという。一方、特定の断層による地震のように、ある再現期間（回帰周期）の中で事象が起こる回数が1回であるような事象はBPT分布（Brownian Passage Time 分布）に従うと仮定できる。BPT分布に従う地震では、今年地震が起こらなければ、来年の地震発生確率は高くなり、来年も起こらなければ、再来年の発生確率はもっと高くなるが、ポアソン過程に従うサイコロではいつも一定である。

現在一般的に地震を確率論的に扱う場合は、特定の断層（明確な内陸活断層、南海トラフ沿いの巨大地震など）を対象とした地震の発生確率はBPT分布、首都直下地震のように、どの断層の破壊現象か特定できない地震はポアソン過程に従うと仮定している。

活断層の破壊を原因とする地震

阪神・淡路大震災は活断層である六甲・淡路島断層帯（地表に現れた野島断層はその一部）の破壊を原因とする兵庫県南部地震（1995年1月17日、M7.3）が引き起こした都市型大震災で、我が国では、関東大震災（1923年）以来最大の自然災害であった。政府は、この震災を踏まえ、地震調査研究の一元的な推進と成果の効果的な社会還元のために、文部科学省内に地震調査研究推進本部（以下では、地震本部）を設置した。

地震本部は、我が国に存在する活断層の中から、活動度や活動した際の社会への影響等を考慮して98の活断層帯を抽出し、トレンチ調査を実施した。トレンチ調査とは、活断層が存在する場所を掘り込んで溝（トレンチ）をつくり、その壁面の地層を丁寧に観察することで、活断層の過去の活動を調べるものである。この調査は、現在までに114の主要活断層帯を対象に行われている。地震本部は、調査結果に基づいて、各活断層帯の今後30年間の地震発生確率を、「0～0.1%（全体の40%）」、「0.1～3%（同37%、やや高い）」、「3%～（同24%、高い）」に分類した。

六甲・淡路島断層帯の地震直前における地震発生確率（30年間）は0.02〜8%で、「高い」という評価、2016年の熊本地震（本震）の布田川断層帯の布田川区間は「ほぼ0%から0.9%」とされていたが、これは「やや高い」部類に入る。2004年の新潟中越地震は未知の断層の活動であった。

皆さんは、これらの値をどのように感じられるだろうか。活断層の活動としては高い方なので、地震の発生確率は高いと言われても、一般的な生活の中での確率と比べると非常に低いので、実際の備えにはつながりにくい。例えば天気予報で、本日の降雨確率が3%と言われて、確率が高いから傘を携帯する人は稀であろう。さらに活断層地震は30年確率なので、同じ3%でも1万分の1（1/（30年×365日））以下である。政府は苦肉の策として、他の事象の30年確率として、交通事故で死亡する確率（0.24%）、台風で罹災する確率（0.48%）、ひったくりに合う確率（1.2%）、ガンで死亡する確率（6.8%）などを挙げているが、一方で、同じ地震の発生確率として、「南海トラフのプレート境界の巨大地震の30年発生確率は70〜80%」と言われると、同様に危険性が高いと言われても戸惑ってしまう。

回帰周期の大きく異なる地震発生確率の扱い

(1) 活断層型地震の場合

活断層のトレンチ調査から、「過去、少なくとも5回ほど地震を起こした形跡が確認され、最後に地震を起こしたのは約2400年前である。その前には、2600年、1600年、1500年、2800年の間隔で地震が発生している。」という過去の活動履歴が判明したとする。この事例は平均発生周期も周期のばらつきもごく標準的なものである。

この状況を以下の3通りの方法で説明する。いずれも物理的にも数学的にも間違ってはいない。しかし、読者の皆さんは随分と異なったイメージを持たれるだろう。

1）今後30年間の地震発生確率は4.66%である。

2）過去の5回の地震の発生周期の平均は2125年であるが、最後に地震が起こってからすでに2400年経過している。

3）最後の地震から現在までに地震が発生してもおかしくなかった確率（これを累積確率と呼ぶ）は70.8%である。

1）の説明では地震が発生する可能性は随分低いと感じるのに対して、2）と3）ではかなり地震が起こりそうな感じがする。また、1）と3）はいずれも確率論的な説明であるが、印象は全く違う。

私がこれまでに講演会などで、これらの3つの説明の中で、どの説明が地震発生の切迫度を最も感じるかをアンケート調査した結果は、第1位が2）の説明で70から70数%、第2位が3）で20数%から30%、1）と答え

図2：活断層による地震の発生確率

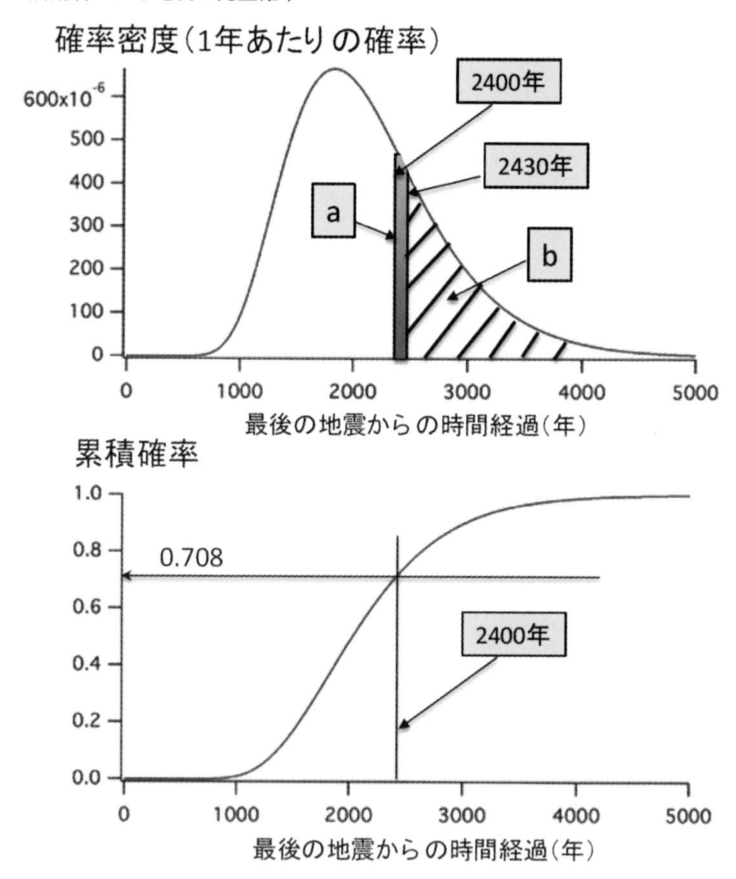

た人は誰もいない。しかし、現在、政府が採用している説明は1）である。地震対策を取ってもらうための説明として、これは問題と言える。

この活断層の過去の履歴からBPT分布を仮定して、確率密度関数（年ごとの地震が起こる確率の分布）を作成すると図2（上段）のようになる。横軸と曲線で囲まれた面積が1（確率100％）となる。過去2400年にわたって地震が発生しない状況で、今後の30年間に地震が発生する確率は、2400年以降の確率全体に対する2400年〜2430年間の発生確率の比になる。すなわち、図中のaの面積を（a+b）の面積で割ったものになり、これが4.66％になる。一方で、最後の地震からすでに2400年経過しているが、この間に地震が起こってもおかしくなかった確率は、図2（下段）の累積確率から求められる。この値が70％を超えることはグラフからもわかる。

(2) プレート境界の地震の場合

一方、平均変位速度の大きなプレート境界型の地震ではどうだろうか。例えば、南海地震が最後に発生したのは1944年であるが、遡ると記録が残っている範囲でも、684年の白鳳地震から、203年、209年、265年、137年、209年、147年、92年の間隔で8回地震が発生している。その平均

図３：地震発生の時間予測モデル

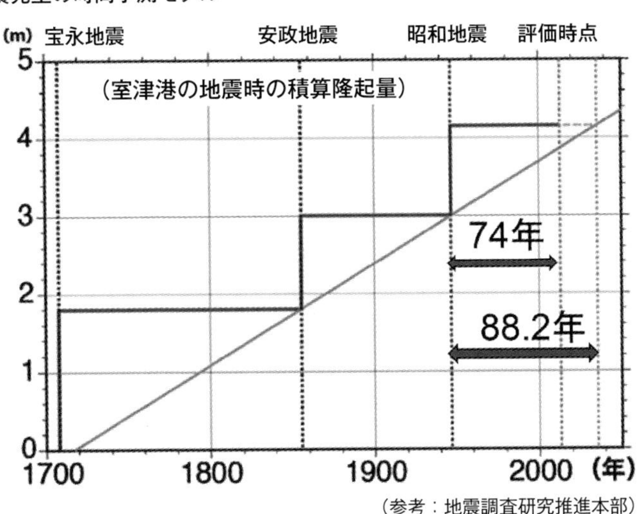

（参考：地震調査研究推進本部）

は約180年であるが、この地震に関しては、プレート境界で蓄積される平均変位速度と過去のそれぞれの地震おける変位解放量（隆起量から評価）の関係から、次の地震までの時間を予測するモデル（図3）が提案されている。これによると、直前の地震による変位解放量が小さかったので、次回の地震までの時間は88.2年と予想されている。これらのデータに基づいてBPT分布による確率密度と累積確率の関数を作ると図4のようになる。ここで、活断層型地震と同様の説明を行うと次のようになる。

図4：プレート境界型地震の発生確率

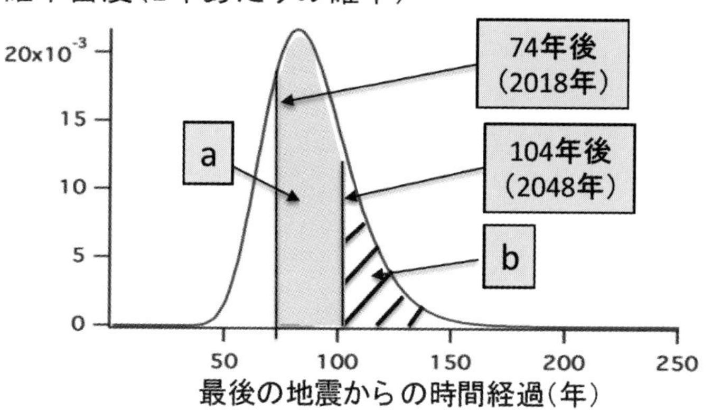

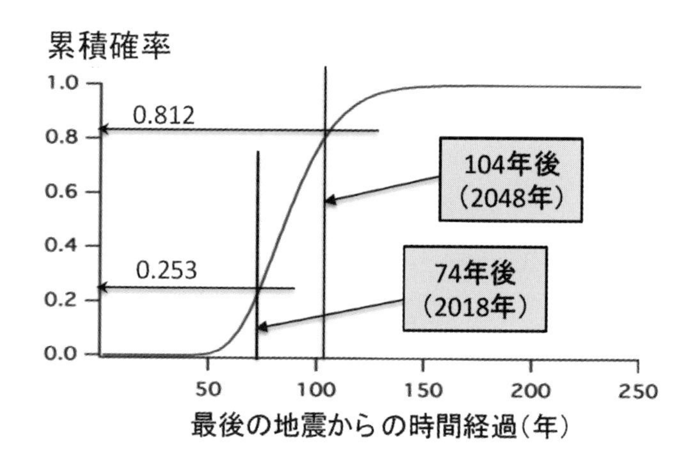

1）今後30年間の地震発生確率は約74%である。

2）次の地震までは期間は88.2年と予想されているが、すでに74年が経過している。

3）累積確率は25.3%である。

活断層型地震ほどの違和感はない。

先ほどの活断層の場合と同様に、これらの3つの説明の中で、どの説明が地震発生の切迫度を最も感じるかをアンケート調査した結果は、第1位が2）の説明で55%程度、第2位が1）で45%程度、3）と答えた人は0%である。

(3) 両者の違いが発生する理由

同様の説明であるにもかかわらず、活断層型とプレート境界型で印象が大きく異なるのはなぜか。最大の理由は、回帰周期が大きく異なる事象の発生確率を、同じ長さの時間を対象として評価して比較するからである。地震の発生確率は時間経過とともに変化するが、活断層型とプレート境界型における変化の違いを確認する。今から30年前と30年後（ただし、今後の30年間に地震は発生しないと仮定）の時点を基準に、両者のタイプの地震発生確率を求め、現在と比較する。活断層型の30年地震発生確率は30年前→現在→30年後の順で「4.60%→4.66%→4.72%」、プレート境界型では「23.3%→73.9%→89.1%」となる。同様に、累積確率は、活断層型で「69.3%→70.8%→72.1%」、プレート境界型で「0.1%→25.3%→81.2%」となる。

回帰周期の長い活断層型では、30年地震発生確率は危険度が高くても値自体は小さいし、時間経過に伴う変化も乏しい。累積確率の変化も乏しい。一方、回帰周期の短いプレート境界型では、30年地震発生確率も累積確率も大きく変化する。

回帰周期が大きく異なる事象の発生確率を、同じ長さの時間を対象として評価して比較する問題についてご理解いただけたでしょう。

その点、累積確率（最後の事象から現在までの間に事象が起こってもおかしくない確率）を評価し、これを1から引いた残余確率（次の事象の発生までに残された確率）を比較すると、回帰周期の影響が考慮され、両者が比較しやすい値になる。本章で取り上げた活断層型とプレート境界型の2つの地震の30年発生確率は、現時点で（4.66％、73.8％）、30年後には（4.72、89.1％）と大きく乖離しているが、残余確率は、現時点で（29.2％、74.7％）、30年後には（27.9％、19.8％）となり、両者の差はずっと小さくなる。

確率的地震動分布予測図について

図5は地震調査研究推進本部が発表している確率的地震動予測分布図である。これは、「地震動の強度」「対象期間」「発生確率」の3つの中の2つを固定し、残りの指標の地域分布を地図に表したものである。すなわち、i)「『今後○年間に、△％以上の確率で』対象地域を襲う地震動分布」、ii)「『震度○以上の地震動が△％以上の確率で』対象地域を襲う期間の分布」、iii)「『今後○年間に震度△以上の地震動が』対象地域を襲う確率分布」のいずれかである。この中で、図5はiii）の分布「今後30年間に震度6弱以上の地震動が襲う確率分布」である。左は2005年（全国を概観して評価した最初にもの）、右は2018年に公表したものである。確率の基準値とし

図5：確率的地震動分布予測図（左2005年に公表、右2018年に公表）（今後30年間に震度6弱以上の揺れに見舞われる確率（平均ケース・全地震））

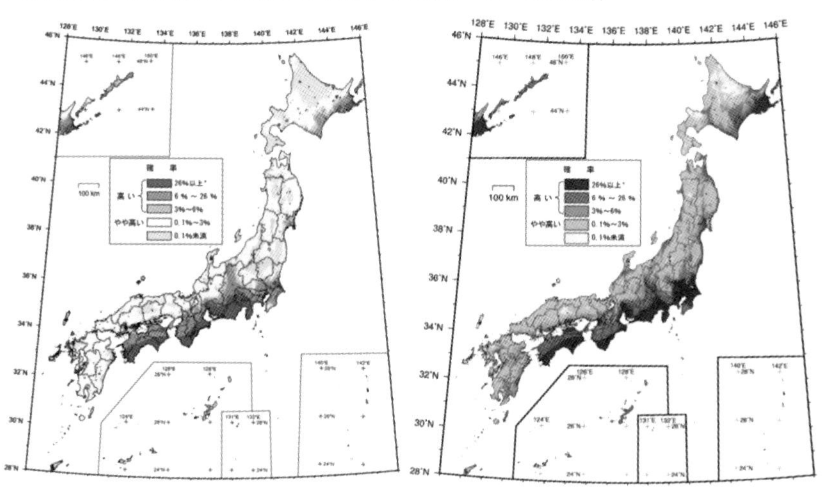

て、0.1%、3%、6%、26%の値を用いているが、これは大まかにいうと、それぞれ約3万年、約1000年、約500年、約100年に1回程度発生し得ることを意味している。

2005年の図を見ると、その後に発生した地震の被災地は、ことごとく評価値の低いところであったことがわかる。2018年版では、評価対象の活断層が増えたり、対象とする地震の規模を大きくしたことから、全体としては地震動の評価値が高まっている。しかし、今後30年間での地震動強さの確率を求めているので、前節で説明した理由から、活断層タイプの地震による地震動は、プレート境界型の地震による地震動に比べて、貢献度は低くなる。もちろん、特定の地域に影響を及ぼす地震動は複数の断層（プレート境界型と活断層型を合わせ）による地震が及ぼすものなので、それらの確率を加えたものになってはいる。しかし、対象地域の周辺に存在し、影響を及ぼす活断層の数（せいぜい10程度）と回帰周期の違い（数十倍）から、今後も活断層型の地震が起こる場合には、確率的地震動分布予測図では評価値の低い地域で起こることになるであろう。

私は地域の地震動評価をする際も、「対象地点に影響を及ぼす周辺の複数の活断層とプレート境界地震によって、ある基準以上の地震動が対象地域を襲ってもおかしくなかった確率（累積確率）求め、これをもとに残余確率を評価して表示する」という考えに基づく地図も用意すべきであると思う。こうすることで、現在の地図からだけでは見いだせない有用な情報が得られるであろう。

いずれの考え方でも、現時点で認識されていない活断層に関する調査の推進は不可欠であるが、4章で説明したように未発生の累積確率から、切迫度を評価する方法も、市民に対策を講じてもらうためには必要なのではないかと感じる。

東京オリンピック・パラリンピックと地震対策

この文章は、元々は東京オリンピック・パラリンピックが開催される前の2018年8月に執筆したものである。各種のイベントを実施する際に地震などの影響を考えるうえで重要なので、そのまま掲載する。

東京オリンピック・パラリンピック（以下では、東京オリ・パラと呼ぶ）と地震の発生確率に関して少し紹介する。2013年9月7日、ブエノスアイレスで開かれた第125次IOC総会における開催地選定投票の結果、東京は2020年のオリンピック・パラリンピックの開催都市に選出された。その後、関係諸機関が、東京オリ・パラ開催のためのさまざまな準備を進められたことは皆さん承知の通りである。招致活動の中で、安倍晋三首相が東日本大震災による原子力発電所の事故による放射能汚染に対して、under control（問題ない）と説明した。しかし、内外の関係者は、放射能汚染問題だけではなく、発生が危惧されている首都直下地震に対しても不安を抱いていたようだ。このような状況を背景に、東京オリ・パラ開催期間中に地震が発生した場合に対する対策が議論されたが、本当に十分だったのか。

対象期間を考えれば、開催期間中よりも、開催までの時間の方がずっと長い。2020年7月24日から8月9日まで開催される第32回夏季オリンピックの開催期間は17日間、15日間あけて実施される第16回夏季パラリンピックは8月25日から9月6日までの13日間、全体を合わせても45日間である。

私が東京開催決定の直後からずっと指摘してきたことは次のとおりである。

開催地決定日から開催日前日までの期間は2,512日、パラリンピックのちょうど2年前の2018年8月25日からでも開催日までは699日である。それぞれの期間内に地震が発生する確率は、東京オリ・パラを合わせた45日間に発生する確率の55.8倍、15.5倍である。開催までの期間を3ヶ月か4ヶ月ごとに分け、どのタイミングで地震が発生したら、その時点までの準備状況、さらに被災状況を踏まえ、開催日までの時間の中で、どのように準備活動を補正して開催を実現するのかについて詳細な計画を立てる必要がある。さらに開催までの時間が短くなる中での地震で大規模な被害が発生し、残された時間内での修復が難しい場合には、国際的な理解を得ながら、いかに開催を延期したり中止したりするのかを考えておく必要があったが、これが全く不十分であった。

[第12章] 大地震の前に実施しておくべき課題のまとめ

最終章として

第2部「首都直下地震に備える」では、今後発生が危惧される巨大地震災害に対して、正しい備えによって、発災時の被害を最小化するとともに復旧・復興をスムーズに、さらに災害の機会を有効活用して、被災地が潜在的に抱える問題を改善するために、私が重要と考えるポイントを述べてきた。想定される巨大地震災害の代表が、タイトルの一部にもなっている首都直下地震と、南海トラフ沿いの東海・東南海・南海地震やその連動型地震である。

全12章の最終稿として、11回の内容をまとめるとともに、これまでに触れていない課題について述べたいと思う。

国難的災害であることの理解

2018年6月7日に、公益社団法人土木学会が首都直下地震や東日本大震災をはじめとする巨大自然災害の長期的（発災から20年間）な経済損失の試算額を発表した[1)]。従来の被害想定の多くは発災直後の被害を対象としているが、中央防災会議による被害想定も同様で、その額は首都直下地震で約95兆円、南海トラフ沿いのM9クラスの巨大地震で約220兆円であった。しかし、土木学会による長期的経済損失は、直後の直接被害を合わせて、首都直下地震で855兆円、南海トラフ沿いの巨大地震で1,541兆円であった。我が国の一般会計予算（約100兆円）やGDP（約500～550兆円）と比較しても、これらの損害がいかに甚大であるかは言を俟たない。国の存続を脅かす規模の災害を「国難的災害」と呼ぶが、まさにその規模の災害であることの理解が必要である。

次の巨大震災までにすべきこと

(1)「貧乏になっていく中での総力戦」という覚悟と「コストからバリューへ」、そして「フェーズフリー」の意識改革

第Ⅱ部ではすでに指摘してきたことであるが、我が国が現在直面する少子高齢人口減少や財政的制約などを考えれば、今後の我が国の巨大地震災害への対応は「貧乏になっていく中での総力戦」と言える。また想定される被害は、事後対応のみによる復旧・復興が極めて困難な規模であるため、発災までの時間を有効に活用した被害抑止力と事前の備えによって、自分たちの体力で復旧・復興できる規模まで被害を軽減することが重要である。そして、このような災害への対応に関する研究は、細分化が進んだ特定の学問分野や少数の関連分野の連携だけでは不十分なことを理解しなくてはならない。従来の地震工学研究の深化に加え、理工学と人文社会学、さらに生物や医療系の研究分野を融合した研究成果に基づくハードとソフトの組み合わせ、産官学に金融とマスコミを合わせた総合的な災害マネジメント対策の理論構築と社会実装が求められる。

災害対策には「自助、共助、公助」に対応する3つの担い手があるが、現在の我が国の人的・財政的制約などを考えれば、今後は益々「公助」が縮小していく。ゆえに、その不足分は「自助と共助」で補う必要があるが、従来のように、その担い手である個人や法人、NPOやNGO関係者の「良心」や「道徳心」に訴えるだけの防災はもはや限界である。活動主体の個人や組織、さらに地域に対して、社会貢献の範囲を超えて、物的・精神的な利益がもたらされる環境整備が重要だ。ここでキーになるのが、防災対策の「コストからバリューへ」、そして「フェーズフリー」の意識改革だ。従来は行政も民間も災害対策をコストとみなしていたが、今後は対策を講じている人や組織、そして地域にバリュー（価値）をもたらすものと考えるべきだ。また、時間的にも空間的にも非常に限定的な現象である

災害時にしか活用できないものへの投資は難しいので、今後の災害対策は、平時の生活の質の向上が主目的で、これがそのまま災害時にも有効活用できるものとすべきだ。これが有事と平時を分けないフェーズフリーな災害対策である。元学生の佐藤唯行君（現在フェーズフリー協会代表理事）と一緒に概念を練ったものだ。

従来のコストと考える災害対策は「1回やれば終わり、継続性がない、効果は災害が起こらないとわからないもの」になるが、フェーズフリーでバリュー型の防災対策は「災害の有無にかかわらず、平時から組織や地域に価値やブランド力をもたらし、これが継続されるとともに災害時にも機能するもの」になる。このような意識改革に基づいた防災ビジネスの創造と育成、さらに国内のみならず海外までを対象とした防災ビジネスの市場形成が重要だ。もちろん著者が防災ビジネスの重要性を声高に叫んだところで、急に我が国のGDPが増えるわけではない。ではどうするか？

私の観察では、我が国では、事業の費用便益分析（B/C）をする際に、コスト（C）の削減には一生懸命取り組むが、便益（B）としては、単純で直接的なものしか考えない傾向がある。これを改めるべきだ。すなわち、平時の便益を含めて、今まで考えていなかった便益（B2, B3, B4,…）を抽出することだ。それができれば、多少コストが高くなったところで、トータルのB/Cの値は向上する。また、従来は他の業界のプロダクトと考えられていたものを防災ビジネスの市場に組み入れることになるので、国家のGDPが増えなくても防災市場の規模を大きくできる。社会的貢献度が高くて、収入の高い市場ができれば、そこには若い才能が入ってくる。このようにして、公助の不足分を自助と共助で補う仕組みをつくらないと、少子高齢人口減少や財政的な制約などの問題を有する我が国の今後の災害対策は成立しない。つまり、巨大ハザードが発生した際の被害抑止はできず、適切な復興は望めないということ。その意味では、公助も質的に変化すべきだ。従来型の行政が公金を使って行う公助から、自助や共助の担い手である個人や法人が自ら積極的に防災対策を推進したいと考える環境整備としての公助である。

フェーズフリーの災害対策を考えたもう1つの理由は以下の通りである。

災害対策の推進を期待される人々に高い「災害イマジネーション」が求められるのは言うまでもない。しかし、長年の経験から、著者は一般市民の皆さんに専門家と同様な「災害イマジネーション」を持ってもらうことの難しさも痛感している。そこで、フェーズフリーな災害対策に囲まれた生活が実現できれば、一般の人々は敢えて防災を強く意識しなくても、災害に強い環境下で生活してもらうことが可能になると考えた。つまり平時の生活の質の向上と災害時に有効な機能を有する様々な商品やサービスが社会に広く普及すれば、その消費者である市民は無意識のうちに災害強い環境を手に入れることができるのだ。

(2) 地震後の電力の確保

東日本大震災以前は、首都圏で利用する電力の3～4割は首都圏以外に位置する原子力発電所で発電されていた。しかし大震災後の原子力発電所の停止を受け、現在では首都圏で利用する電力の多くは東京湾周辺の火力発電所で発電されている。つまり電力が「地産地消」状態になっているため、首都直下地震時には消費地と生産地が同時に被災する。また、これらの火力発電所は燃料のスムーズな供給を前提に運用されており、燃料の備蓄量も少ない。ゆえに設備的な問題がなくても、東京湾のオペレーションが平常化しないとフル稼働はできない。

ところで首都圏では、大規模地震が発生した際に、4秒から10秒程度の長周期地震動が発生することが知られている。これらの周期は超高層ビルや長大橋の固有周期に加え、東京湾周辺の備蓄タンク内の燃料のスロッシング周期と一致するため、備蓄タンクからの液漏れや火災発生の危険性が高い。さらに港湾施設の液状化被害なども考えられるため、東京湾のオペレーションが困難になる可能性が高い。このような状況下では、極端な電力不足の中での災害対応が求められる。

長周期地震動の問題は阪神・淡路大震災以降指摘されてはいたが、一部の例外を除くと、これが実際に大きな問題になるような地震や地震動は経験していなかった。しかし、図1に示すように、2015年4月のネパールのカトマンズ地震による地震動はまさに強烈な長周期地震動で、固有周期4秒以上の超高層ビルの上層部が各ビルの固有周期で前後左右に6〜8m（両振幅で）も揺れてしまう地震動であった。この地震動を首都圏が受けた場合、超高層ビルや長大橋、燃料の備蓄施設等に甚大な被害が発生するとともに、電力供給に大きな支障をきたすと考えられるので、この対策は急務である。

図1：2015年4月ネパールカトマンズ地震による

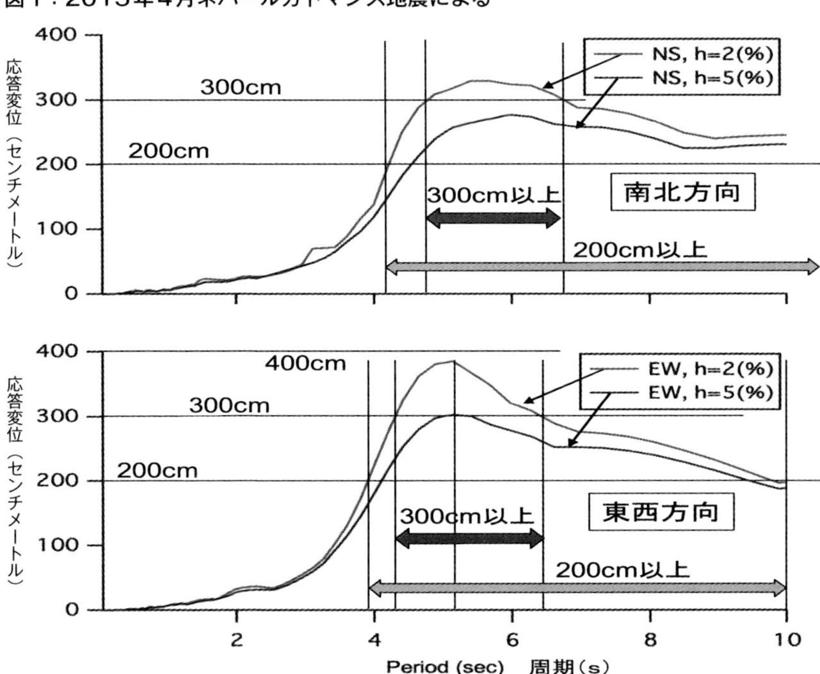

(3) 人口誘導と大胆な土地政策

少子高齢人口減少社会では、事前の防災対策としては、従来の街や集落の数や分布をそのままに人口の変化を自然に任せるのではなく、各地域の災害リスクを評価し、リスクの高い地域に住む人々をリスクの低い地域に誘導することが大切だ。この対策は人口減少社会で効果的に実施できるし、これによって移動してくる人々も彼らを迎い入れる人々もハッピーな環境整備が可能になる。

このとき重要なのは、今後は行政も市民も大きな財政負担は難しいので、市民のライフプランの中で、例えば引っ越しや住宅の建て替えのようなタイミングに、災害リスクの低い地域で人口減少によって空くスペースに移動してもらうことである。こうすることで、特別な対策費や予算措置がなくても、自治体全体としての将来の災害リスクも被害量も大幅に減り、災害対応の環境も大幅に改善される。

一方事後対策としては、大胆な土地政策を実施する必要がある。今後の財政的な制約を考えれば、将来の首都直下地震や南海トラフ巨大地震災害の復旧・復興では、東日本大震災後と同様な対策は望めない。人口変動や産業特性の変化を踏まえ、効率的な復興策をとる必要がある。そのためには、行政による津波浸水域の買い上げや適正な評価に基づいた私権の制限を伴う被災地域の効率的な復興策をとる必要があるし、これを実現できる法制度を含めた環境整備を進めていく必要がある。その際には地籍の整備が不可欠なので、これを早急に進める必要がある。図2に示すように、我が国の現在の地籍の整備率は全国平均で52%である。東日本大震災の被災地は、比較的地籍の整備率が高い地域であったが、首都直下地震や南海

図2：全国の地籍の調査実施率（H29.3時点）

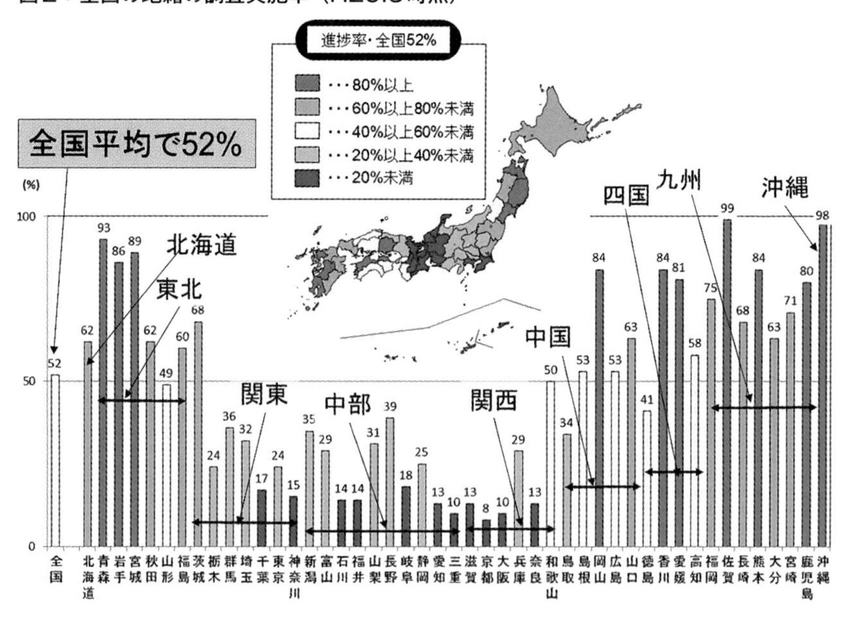

トラフ巨地震の想定被災地の整備率は低いので、これを高くしておく必要がある。また、十分な整備前に震災が起こった際には、土地の購入費として応分な予算を第三者機関に預託したうえで迅速に土地の収用ができる環境を整備すべきだ。この方法は、地籍は整備されているが土地所有者の行方が不明な場合にも同様に適用可能だ。土地所有者との直接的な交渉は、猶予期間を設けたうえで、第三者機関との間で行ってもらうようにすればよい。こうすることで、行政による土地の買い入れを迅速化し、被災地全体として最適な復興策を実現しやすい環境が整備できる。

(4) 災害保険の改善

本来災害保険は、「リスクファイナンス」と「リスクコントロール」の機能を有するべきである。前者は、保険に加入していると、起こってほしくない出来事に見舞われた場合に、保険金が支払われる機能、一方後者は、起こって欲しくない出来事を起こりにくくする機能である。我が国の一般住家を対象とした地震保険は、前者の機能を限定的に有するだけで、後者の機能は基本的に有していないという課題がある。

図3にインフラの耐震設計における地震力（荷重）と地震保険の保険料の考え方を示す。両者とも基本的な考え方は同じで、標準的な保険料率と地震力に、地域や個別の構造物の特性に応じて、係数を掛けて最終的な値を決める。

インフラの耐震設計では、地域の特性を考慮するために、県から道州制程度の広がりを持つ地域に対する係数とインフラを建設する場所の地盤条件に基づく係数を掛ける。前者は対象地域の地震活動度や経済状況を、後者は同規模の地震で同じ震源距離でも、地震動の強さがローカルな地盤条件の違いで大きく変化し、被害に大きな差が出ることを考慮する係数である。他には対象とする建物の重要度や動特性を考慮する係数を掛ける。
一方地震保険では、地域係数は都道府県を単位とする3区分の等地区分のみであるし、耐震性能の違いによる割引率も最大で50％である。これらの係数は、いずれも実態と比べると課題が多い。例えば、津波のリスクは海岸に近い地域では高いが、海岸から5～10km以上内陸に入ればゼロである。対象建物が位置するローカルな地盤条件も考慮されていない。さらに

図3：インフラの耐震設計と地震保険の保険料の決め方

保険料率（Ri）と設計外力（地震力：Kh）

Ri = C1 x C2 x C3 … x Ri0

C1（Cz）：等地区分係数（都道府県単位）

（地域の地震活動度/危険度, 3段階）

C2（Cer）：建物耐震性（築年・耐震等級割引、最大50%）

C3：長期係数, Ri0（標準料率）

Cg：ローカル（構造物の位置）な地盤条件や
津波危険性を評価する係数が存在しない

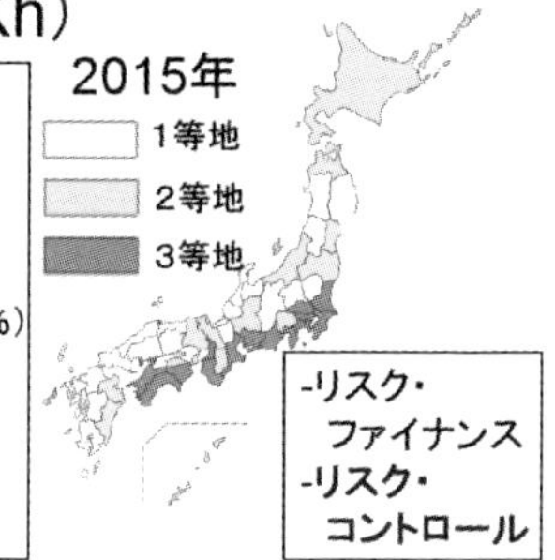

Kh = C1 x C2 x C3 x C4 x … x Kh0

C1(Cz):地域の地震活動度考慮（道州制～県程度）(A:1.0, B:0.85, C:0.7)

C2(Cg)：ローカル（構造物の位置）の地盤条件(I:0.8, II:1.0, III:1.2)

C3(Ci)：建物の重要性(1st:1.0, 2nd:0.8)

C4（Cs）：建物の動特性, Kh0（標準外力）

耐震性の差による被害の違いは、図4の全壊率（木造住家）からもわかるように、古い時代の耐震性の低い建物と耐震性の高い最新の建物では、震度6弱で約100倍、震度6強で約50倍、震度7で約10倍の差がある。全損以外までを対象としても、50%程度の差ではないことは自明だ。これらの事実は、保険において最も重要な「公平の原則」が成立していないことを示している。過去の事故や違反の有無、年間の走行距離などを細かに評価して考慮する最近の自動車保険とは大きな違いである。地域と建物のリスクを適切に評価し、リスクの高い環境からリスクの低い環境へ人々を誘導することでリスクコントロールに貢献すべきなのだ。しかし、現在の状況は、「災害リスクの高い環境にそのまま住み続けさせたうえで、将来の被害が大きくなるので、巨額の積み立てを確保しなくてはいけない」と言っているのに等しい。

(5) 災害がれきの処理の問題

東日本大震災では約3,000万トンのがれきが発生し、その処理に苦労したが、環境省は2014年2月末に、首都直下地震では最大で約1億1,000万

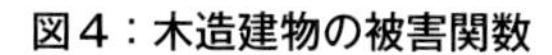
図4：木造建物の被害関数

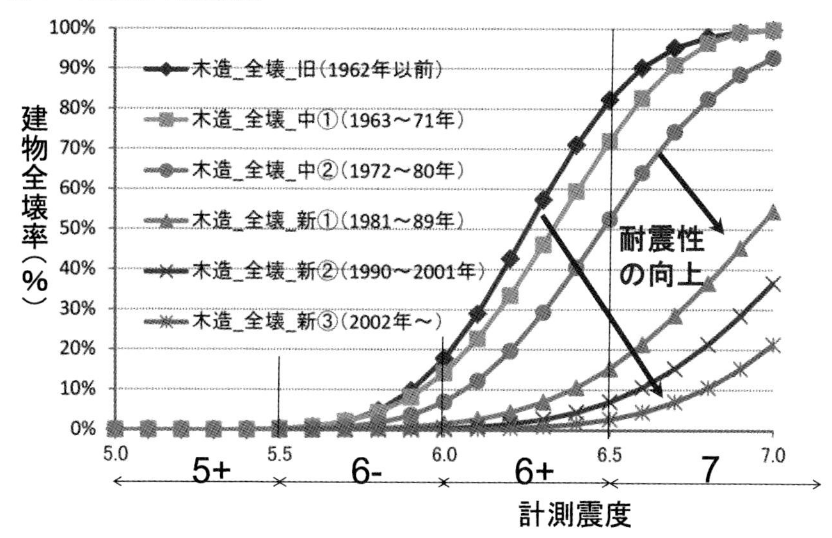

トン、南海トラフ地震では最大で約3億4,900万トンのがれきが発生すると試算した。首都直下地震によるがれきは東京都の年間廃棄物量の約16.5倍で、関東地方の既存施設だけで焼却処理すると約4年、埋め立てには15～26年を要するという。さらに南海トラフ地震によるがれきの量は東日本大震災の約12倍で、全国の既存の施設で可燃物を焼却処分するには約8年、不燃物などを埋め立て処分するには16～20年かかるとした。

このような大量のがれきの処理は、わが国としては全く未経験の問題であり、技術的な課題のみならず、法規制を含めた課題の抽出と解決策の提案に基づいた産官学の連携体制の整備と具体的な処理計画の立案が求められる。

東日本大震災の対応からの教訓

災害対応において発現した課題の解決は、時間と資源の制約の中で求められるので、限られた組織内での調整で対応可能な対策によってなされることが多い。国の体制で言えば、関係省庁間での十分な調整や議論に基づいて行われることは稀で、迅速に対応しやすい単独あるいは少数の省庁内での対応が主となり、これがわが国の災害対策が全体最適解になりにくい大きな原因になっている。この解決には、災害対策において強力な権限や調整力を有する体制づくりが求められるが、手足のない現在の内閣府では力不足である。

「自分たちの将来の問題だからと言って、精神的にも体力的にも最も余裕の無い、しかも専門性も高くない被災者や被災自治体に、被災地の復旧・復興を考えろ、しかも短い時間で」という現在の基本方針も改めるべきである。これは被災地が「元通りがよい」と言う原因にもなっている。この問題の解決には専門家の貢献が重要になるが、ここにも問題がある。「被災者や被災地に寄り添って」という言葉は美しいが、専門家は過度の寄り添いによって、課題解決の機会を失うことのないように気をつけなくてはいけない。適切な距離感をもった対応が重要な場面も多い。

私は、東日本大震災の復旧・復興に関わった多くの関係者のご尽力と課題解決のために考え実施した多くの工夫に対して敬意を表するとともに深く感謝している。しかし、残されている課題も少なくない。

今後の大震災への対応において求められるものは、さまざまな対応が、工夫すれば「できないわけではない制度」ではなく、「分かり易くスムーズにできる制度」である。

さいごに

私は以前から大規模災害からの復旧・復興における建設労働力（技術者）の質と量の不足を懸念していたが、東日本大震災の復旧工事の調査から、建設労働力に加え工事をつくる行政職員の人材不足も明らかになった。この問題は、今後の大規模災害発生時には、より大きな問題になる。また東日本大震災の前に、岩手・宮城・福島の3県の土木事業の全国に占める割合は約6%であったが、復旧の最盛期にこれが16%に増加した。3県の建設業者だけでは対応できなかったことから、3県以外の業者（全国の94%の土木事業を担っていた業者）が支援に入って全国の1割の工事を3県に上乗せし、およそ10年間でほぼ復旧工事（放射線の問題で工事ができない福島県の一部を除き）を終えた。現在政府が想定する南海トラフの地震被害では、上記の3県以上に甚大な被害を受ける地域の土木工事が全国の43%を占めている。激甚被災地以外の業者は57%である。東日本大震災と比較して、状況が各段に厳しくなることは明白である。著者が以前から提案している「21世紀型いざ鎌倉システム」のような仕組みを事前に考えておくべきだ。これは諸外国を含め大規模プロジェクトが存在する地域を対象に、日本の若手技術者の教育と親日諸国のエンジニアのスキルアップとシンパシーづくりで建設労働力を確保するものである。

世界の歴史上、我が国の首都圏のように、地震や台風、火山などさまざまな災害の多発地域に、これほどの人口と機能を集約させた都市はない。「昔、極東に日本という国があって、優れた技術力と強い経済力によって、世界最大の都市『東京』をつくった。しかし技術力と経済力におごり、謙虚さを失った傲慢な態度が神の怒りに触れ、地震によって1日にして壊滅した。これを『第2のバベルの塔』と言う。」などと将来の世界史の教科書に載ることの無いようにしたいものだ。

首都直下地震や南海トラフ巨大地震の発生までの時間的な余裕はない。貧乏になっていく中で、発災までの時間を有効活用し、いかにして自力での復旧・復興が可能なレベルに被害を軽減するか。発災後にスムーズな復旧・復興を実現できる方法や環境を、いかにして事前に整備しておくか。これが現在の私たちに突きつけられている課題である。

拙稿が首都直下地震をはじめとする将来の地震被害の軽減に少しでも貢献できれば幸いである。

【参考文献】

1）http://committees.jsce.or.jp/chair/system/files/本編_「国難」をもたらす巨大災害対策についての技術検討報告書_5.pdf

[初出について]

第Ⅱ部は、公益財団法人東京連合防火協会『防災』2016年10月号から18年12月号に連載した「首都直下地震に備える」に加筆したものでる。

●著者紹介

目黒公郎（めぐろ・きみろう）

東京大学教授、大学院情報学環総合防災情報研究センター長、工学博士。専門は、都市震災軽減工学、国際防災戦略論。研究テーマは、構造物の破壊シミュレーションから防災の制度設計まで広範囲に及ぶ。地震を代表とする災害による損失の最小化と災害発生時を被災地の潜在的課題を改善する機会として有効活用するハードとソフトの両面からの戦略研究に従事。途上国の地震防災の立ち上げ運動にも参加。内外の30を超える自然災害・事故の現地調査を実施。「現場を見る」「実践的な研究」「最重要課題からタックル」がモットー。内閣府本府参与、中央防災会議専門委員、東京工業大学、国際連合大学、放送大学、東北大学、香川大学などの特任（客員）教授、多数の省庁や自治体、ライフライン企業等の防災委員、日本地震工学会、地域安全学会、日本自然災害学会、などの会長を歴任。

主な編著書は『被害から学ぶ地震工学—現象を素直に見つめて』（鹿島出版）、『地震のことはなぞう（絵本）』（自由国民社）、『東京直下大地震　生き残り地図』、『間違いだらけの地震対策』、『首都大地震：揺れやすさマップ』（以上、旬報社）、『ぼくの街に地震がきた（漫画）』、『じしんのえほん（絵本）』（以上、ポプラ社）、『大地震　死んではいけない』（アスコム）、『緊急地震速報』（東京法令出版）、『巨大地震・巨大津波—東日本大震災の検証』（浅倉書店）、『地域と都市の防災』（放送大学教育振興会）など多数。

首都直下大地震 国難災害に備える

——関東大震災100年：防災対策の意識改革、コストからバリュー、そしてフェーズフリーへ

2023年9月1日　初版第1刷発行

監　修　目黒公郎
装　丁　河田　純（ネオプラン）
発行者　木内洋育
発行所　株式会社旬報社
〒162-0041 東京都新宿区早稲田鶴巻町544　中川ビル4F
TEL 03-5579-8973　FAX 03-5579-8975
ホームページ https://www.junposha.com/
印刷製本　シナノ印刷株式会社

ISBN978-4-8451-1847-2　C0036